网络购物商品质量管控及其演进研究

李 波◎著

知识产权出版社

全国百佳图书出版单位

图书在版编目（CIP）数据

网络购物商品质量管控及其演进研究/李波著. —北京：知识产权出版社，2018.8
ISBN 978-7-5130-3869-0

I.①网… Ⅱ.①李… Ⅲ.①网上购物—产品质量—质量管理—研究 Ⅳ.①F273.2

中国版本图书馆 CIP 数据核字（2018）第 183859 号

内容提要

本书作者对"网络购物商品质量管控"的研究自 2010 年始，已持续了七八年的时间。在此期间，随着网络购物市场生态化的演进，网络购物中商品质量管控也在不断发展和演进，由最初的单管控主体、较单一的管控机制和措施，逐渐发展到今天的多主体共治、多层面、多种管控机制和措施综合性治理的局面。

本书在梳理网络购物商品质量问题发生机理的基础上，构建了以政府监管机构、网络购物平台和卖方为管控主体的我国网络购物三级商品质量管控体系模型，并主要针对三级管控体系模型中的核心管控主体——网络购物平台，探析其网络购物商品质量管控机制、措施及其演进。

责任编辑：韩　冰	**责任校对：**谷　洋
封面设计：邵建文	**责任印刷：**孙婷婷

网络购物商品质量管控及其演进研究

李波　著

出版发行：	知识产权出版社 有限责任公司	网　　址：	http://www.ipph.cn
社　　址：	北京市海淀区气象路 50 号院	邮　　编：	100081
责编电话：	010-82000860 转 8126	责编邮箱：	hanbing@cnipr.com
发行电话：	010-82000860 转 8101/8102	发行传真：	010-82000893/82005070/82000270
印　　刷：	北京虎彩文化传播有限公司	经　　销：	各大网上书店、新华书店及相关专业书店
开　　本：	720mm×1000mm　1/16	印　　张：	13
版　　次：	2018 年 8 月第 1 版	印　　次：	2018 年 8 月第 1 次印刷
字　　数：	240 千字	定　　价：	59.00 元
ISBN 978-7-5130-3869-0			

C目录
ontents

第 1 章

绪　　论

　　随着互联网技术越来越全面地渗透至人类社会政治、经济、文化等各个领域，数字化商业已经成为每个人、每个组织所必须面对的，电子商务、网络购物已经不再是一种选择，而成为必然。

　　我国的网络购物市场自 20 世纪末 21 世纪初开始萌芽，2003 年由于"非典"的影响开始步入高速发展的轨道，根据艾瑞咨询集团的数据，我国网络购物市场 2010 年以前以倍速增长，2010—2016 年，复合年均增长率（CAGR）约为 47.17%，经历了十几年的高速增长和扩张后，2016 年，我国网络购物市场交易规模已达到 46834.7 亿元。随着市场规模的不断增长，增速逐渐放缓，2016 年的增速首次低于 30%（见图 1-1），但与此同时，市场却更加成熟，业态更趋于多样，在组织要素、结构、功能等方面都表现出了明显的商业生态系统的特点。

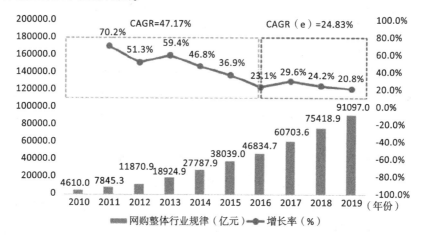

图1-1　我国网络购物市场交易规模发展趋势

资料来源：艾瑞咨询集团，2018 年中国零售新物种研究报告。

1.1 研究意义

在网络购物生态系统中，优良的商品质量无疑是保证系统健康、可持续发展的重要因素之一，艾瑞咨询集团的调查统计显示，网络购物用户在选择网络购物网站的过程中最看重的是"产品质量"。尤其是近年来随着"人民日益增长的美好生活需要"的增强，随着消费者网络购物意识和心态的逐渐成熟，他们对网络购物商品质量的期望也在不断提高。

与之相对的是，在我国网络购物市场发展壮大的过程中，商品质量却一直受到消费者的诟病：根据中国互联网络信息中心（CNNIC）2009 年、2012 年、2013 年的数据显示，2009 年网络购物满意度最低的一项是商品质量排列第一，有 49.1% 的网民对网购商品质量表示担忧。2012 年，满意度排位最低的是送货时间，占 49.2%，但接下来的第二和第三位都与商品质量有关，第二位是感觉商品与网站宣传不一致，占 49%；第三位是买到假冒伪劣产品，占 23.3%。而 2013 年的数据显示，影响网站用户流失的主要原因是产品质量不够好、信誉没保障，所占比例为 52.0%。由此可见，网络购物中的商品质量问题一直是困扰消费者的最大难题之一，也是政府监管机构、网络购物平台、卖方等主要利益相关方一直致力于解决的、网络购物市场中存在的最为主要的问题之一。

因此，本书关于"网络购物商品质量管控"的研究立足于实际问题，具有较强的现实意义，具体表现在以下两个方面。

（1）为网络购物平台等相关利益方提出可行的策略建议，促进网络购物行业的良性可持续发展。在我国的网络购物市场中，已经形成了以网络购物平台为中心，包含买方、卖方、合作机构（包括银行、物流、保险、信用管理机构、营销机构、质量检验和保证机构等）等相关利益方以及行业协会和政府监管机构在内的网络购物生态系统，本研究为网络购物平台等相关利益方调整商品质量管控机制提供依据，促进网络购物行业的良性可持续发展。

（2）为政府部门制定相关的规章制度、法律法规提供依据。为了达到既促进网络购物的发展又可以起到监管作用的目的，十几年来，我国政府出台了《中华人民共和国电子签名法》《网上交易平台服务自律规范》《电子商务模式规范》《网络购物服务规范》《关于加快流通领域电子商务发展的意见》《网络商品交易及有关服务行为管理暂行办法》等规章制度和法律法规。但由于网络购物属于新兴产业，而且一直处于高速发展的阶段，因此存在法规制度建设相对滞后、监管主体不明等问题。本研究将为政府部门出台相关政策提供依据。

理论方面，由于网络购物起步晚却发展迅猛，我国与发达国家的网络购物市场环境存在较大差异等客观原因，学术界对于我国网络购物商品质量领域的研究较少。Rahm（2014）认为很多人利用互联网上的数据进行信息提取和数据整合，但此类工作极少聚焦到网络商品质量上，原因是网络购物中的商品太多，相较而言，有关商品质量的数据和信息却很有限，而且还需要采取复杂、定制化的预处理和数据清洗工作，这可能是研究网络购物商品质量的文献很少的原因所在。

因此，本研究的理论意义也十分显著，主要表现在以下三个方面。

（1）填补了网络购物商品质量管控研究领域的空白。国内外关于网络购物市场商品质量的研究，通常置于市场信息不对称和柠檬现象、在线信誉管理、电子商务顾客满意度分析、网站服务质量测量的框架下，作为其中的一部分内容或某一个变量进行分析，研究的系统性、专门性和深度还很不够，而有关网络购物商品质量管控的系统研究尚未发现。因此，本研究构建了包括政府监管机构、网络购物平台和卖方在内的、全主体、全过程、全面的商品质量三级管控体系，形成了较为系统的理论框架。

（2）丰富了我国电子商务领域的理论研究。鉴于电子商务（包括网络购物）自 20 世纪 90 年代后期随着互联网的出现而开始兴起，虽然历经十几年的快速发展，但该领域的理论研究仍有待进一步细分和深化。此外，国内电子商务市场具有不同于美国等发达国家的独特特点，因此，本书结合国内网络购物市场的发展现状和相关文化、技术及法律环境所展开的研究丰富了我国电子商务领域的理论。

（3）丰富了质量管理领域的理论研究。传统质量管理研究的范畴一方面集中在生产制造环节，另一方面与顾客交界的研究则重点集中在服务质量管理的范畴内，有关流通领域、零售环节的商品质量管理研究较少，本书的研究成果将成为该领域理论研究的有益补充。

1.2 研究内容

本书对"网络购物商品质量管控"的研究自 2010 年开始，已持续了七八年的时间。随着网络购物市场生态化的演进，网络购物中商品质量管控也在不断发展和演进，由最初的单管控主体、较单一的管控机制和措施，逐渐发展到今天的多主体共治，多层面、多种管控机制和措施综合性治理的局面。

本书就"网络购物商品质量管控及其演进"展开研究，在探究网络购物商品质量问题发生机理的基础上，构建了以政府监管机构、网络购物平台和卖方为管控主体的我国网络购物三级商品质量管控体系模型，并具体分析了政府监管机构、网络购物平台和卖方在该体系中的角色及其作用；针对三级管控体系模型中的核心管控主体——网络购物平台，构建了网络购物平台商品质量管控能力指标体系，梳理并确定了网络购物平台商品质量管控能力的各项指标，确定指标权重，并应用网络购物平台商品质量管控能力指标体系对淘宝网的商品质量管控能力进行了评价。进一步地，本书从动态发展的视角研究了网络购物平台商品质量管控的演进过程，将网络购物平台商品质量管控的演进划分为四个阶段，使用种群动力学模型研究了网络购物平台商品质量管控演化的内在机理，并重点梳理了在线信誉反馈系统、在线评论、在线担保和生态化治理等管控机制及其演进。

具体而言，本书的主要内容如下。

第2章，网络购物商品质量问题发生机理研究。首先对所涉及的关键概念进行界定，并探析了商品质量问题的发生机理，主要包括三个方面：网络环境下更强的信息不对称和市场不确定性，制度和监管方面的缺位和不到位，以及消费者心理和行为的失衡和不成熟。

第3章，网络购物商品质量三级管控体系研究。在系统梳理网络购物交易过程的基础上，分析了网络购物与传统购物情境下商品质量管控的差异，在系统梳理网络购物交易过程的基础上，具体揭示了每个子过程中不同管控主体的商品质量管控措施，据此构建了全主体、全过程、全面的网络购物商品质量三级管控体系模型；并进一步展开论述了网络购物平台、政府监管机构、卖方三个管控主体在该体系中的职能、角色和作用，以及当前的商品质量管控情况。

第4章，网络购物平台商品质量管控能力指标体系研究。首先对网络购物平台商品质量管控能力加以定义；根据文献梳理结果并综合专家意见，构建并修正了包含三个层级的网络购物平台商品质量管控能力指标体系，逐一解释了各个指标的含义；通过专家评判的方式确定了指标权重；并针对各级指标的权重及其排序情况，揭示了对网络购物平台商品质量管控的实践指导意义。

第 5 章，淘宝网商品质量管控能力评价研究。本章分为两个子研究，第一个子研究依据第 4 章所构建的网络购物平台商品质量管控能力指标体系，对我国最大的网络购物平台——淘宝网的商品质量管控能力进行评价，对在淘宝网上售卖和购买商品的买卖双方展开实证调研，采取定性和定量相结合的方法，应用模糊综合评价法和四分图法从不同角度对淘宝网现阶段的商品质量管控能力进行综合评价，并针对评价结果探讨淘宝网在商品质量管控方面的改进方向；第二个子研究针对 2015 年淘宝网与国家工商行政管理总局有关"淘宝网"不合格商品比例的争执，选取了拥有海量的浏览和评论的一篇腾讯科技的新闻，展开在线评论研究，挖掘消费者对淘宝网商品质量的认知和态度。

第 6 章，网络购物平台商品质量管控演化过程及作用规律研究。根据商业生态系统生命周期和电子商务生态系统生命周期理论，将我国网络购物市场的发展划分为市场兴起、市场扩张、关系协调、持续进化四个阶段，结合现有各种文献和资料，对我国网络购物平台商品质量管控的演化情况展开理论分析。

第 7 章，网络购物平台商品质量管控演化的内在机理研究。构建诚信卖方种群和不诚信卖方种群的竞争种群动力学模型，应用模拟仿真的方法探析在网络购物生态系统逐渐形成和发展的过程中，网络购物平台商品质量管控演进的内在机理及作用规律。

第 8 章，网络购物平台商品质量管控实例分析。重点研究了在线信誉反馈系统、在线担保和生态化治理项目"中国质造"三项淘宝网的网络购物商品质量管控机制。本研究发现，无论哪一种管控机制，都经历了产生、成长、动荡到逐渐成熟稳定的过程，而这一过程的实现有赖于三级管控主体（尤其是网络购物平台）的管控。网络购物平台从单一的管控手段逐渐演进到综合使用推动和拉动两种力量的生态化治理及管控体系，不仅采取"管"和"控"，还运用了"引"和"导"的方式，方法更加多样，手段更加成熟，实现了网络购物商品质量的综合治理。但是"道高一尺，魔高一丈"，在网络购物生态系统中，诚信卖方种群、不诚信卖方种群以及网络购物平台之间的博弈将会继续，管控机制和手段也必将持续演化。

第 9 章，结论与展望。本章对全书重要研究结论进行总结，并进一步揭示了本书研究的理论贡献与实践意义；分析了研究中存在的不足、有待改进和进一步深入研究的方向，从而为本领域的后续研究提出建议。

1.3 技术路线和研究方法

根据本书的上述主要研究内容，本书的技术路线图如图 1-2 所示。

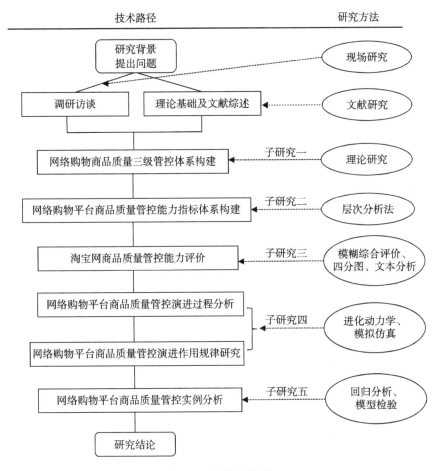

图1-2　技术路线图

根据上述研究内容和技术路线，本书采用理论分析和实证研究相结合、定性研究与定量研究相结合的方法对网络购物商品质量的管控展开系统研究。具体来说，所采用的主要研究方法如下。

（1）归纳推理。归纳推理又称为归纳法或归纳逻辑，是从个别性知识引出一般性知识的推理，是由已知真的前提引出可能真的结论。本书在文献研究、现场观察和访谈的基础上，以大量的知识素材和经验事物为依据，对我国网络购物商品质量管控的现状进行了逻辑归纳，揭示并构建了网络购物商品质量三级管控体系；同样地，使用归纳推理的方法，对网络购物平台商品质量管控的四阶段演化情况进行了分析和归纳。

（2）层次分析法。对网络购物平台商品质量管控能力的评价涉及不同层次的多项指标，而层次分析法的基本思路即是将复杂问题层层分解为若干个组合因素，通过决策者们对于不同因素之间两两比较的优势判断来确定相对重要性，形成判断矩阵，并通过一致性检验保证所得出的决策和评价的一致性和稳定性。本书通过专家评判的方式，使用层次分析法确定网络购物商品质量能力评价体系。

（3）模糊综合评价和四分图模型评价。本书使用模糊综合评价法和四分图模型评价法，从不同角度对淘宝网现阶段的商品质量管控能力进行了综合评价。其中，模糊综合评价使用模糊数学的基本理论和方法，同时考虑人的主观判断，对模糊、不确定的变量进行量化，从而做出相对客观、科学的评价，而四分图法的优势在于能够简洁直观地对不同因素归类分析。通过综合使用这两种评价方法，不仅得出了淘宝网商品质量管控能力的综合得分，而且对于各分项指标做出了有针对性的评价。

（4）进化动力学。进化动力学使用数学语言阐释生命进化过程，从数学上精确地描述种群进化、选择、突变等概念。本书将网络购物市场视为具有复杂适应性的生命有机体，以动态发展、非线性的视角，构建了竞争种群动力学模型作为探讨网络购物平台商品质量管控内在机理和作用规律的基础。

（5）模拟仿真方法。传统研究方法无法有效研究复杂系统（包括网络购物生态系统）的非线性、不确定性、模糊性和动态性等现象和特点，与之相比，模拟仿真方法集成了系统理论、控制理论、数值分析、计算机科学、人工智能等领域的技术，可以有效地研究复杂系统的自治性、演化性及复杂性。因而近年来被广泛应用于社会系统以及经济管理系统的研究中。本书依据所构建的竞争种群动力学模型，使用 Matlab 模拟仿真的结果来阐释网络购物平台商品质量管控的作用规律。

第 2 章

网络购物商品质量问题发生机理

"水有源，故其流不竭；木有根，故其生不穷。"要想研究网络购物商品质量管控，首先要追根溯源，搞清楚网络购物商品质量的问题有哪些，导致这些问题的根源是什么。

2.1 研究对象界定

2.1.1 网络购物及网络购物平台

我国最早涉入互联网研究的艾瑞咨询集团是这样定义网络购物的："网络购物，即借助网络实现商品或服务从商家/卖家转移到个人用户（消费者）的过程，在整个过程中的资金流、物流和信息流，其中任何一个环节有网络的参与，都称为网络购物。"根据交易主体的不同，网络购物可以被划分为 B2C 和 C2C，还可被划分为平台式网络购物和自主销售式网络购物。B2C（Business to Customer）指的是商家对消费者的网络销售，C2C（Customer to Customer）指的是消费者对消费者的网络销售。平台式网络购物，即由除买卖双方之外的第三方搭建网络购物平台，买卖双方可以在平台上进行信息交流，资金流和物流也会随之转移，淘宝、eBay 都属于平台式购物网站。自主销售式购物网站则是由商家利用网络平台直接向消费者出售商品。但某些网站，如 Amazon、京东商城、当当，他们是上述两种模式的混合体，不仅通过自建的平台向消费者出售商品，而且也会吸纳其他卖方在平台上进行销售。此外，很多"卖方"除了以加入网络购物网站的途径面向消费者外，也有自己的购物网站面向消费者（见图 2-1）。图 2-1 中的卖方可能是零售商/个人，也有可能是经销商/分销商，甚至是生产商。此外，图 2-1 中没有采取通常的 B2C

和 C2C 的划分方法，是因为随着整个行业的发展，以及市场的进一步细分，
B2C 的疆域越来越宽，而 C2C 中的卖方不再单纯是个人卖家，还有逐渐成长
的中小商户。因此，本书采取了平台式网络购物和自主销售式网络购物的划
分方法来描述网络购物系统，这种方法更能反映当前市场的实际情况。

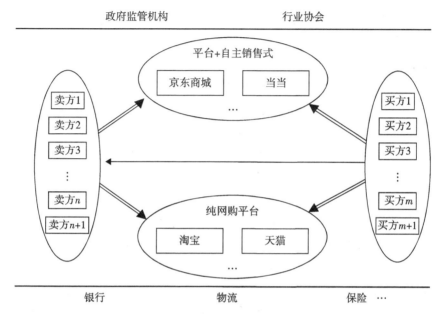

图2-1　我国网络购物系统示意图

在本书中，我们将由除买卖双方之外的第三方所搭建的网络购物网站称
为网络购物平台。网络购物平台连接交易双方，为其提供互动机制，满足其
需求，并从中获利。通常情况下，网络购物平台的监管制度能够有效地约束
买卖双方的行为。目前在我国，最大的网络购物平台是阿里巴巴集团旗下的
淘宝网（又可分为 C2C 平台淘宝集市和 B2C 平台天猫）。由于平台的集聚效
应远大于自主销售式，平台式网络购物的用户规模和市场规模远大于自主销
售式，近年来自主销售式购物网站（如京东商城、拍拍、苏宁易购等）在战
略方向上也逐渐向开放式平台发展。因此，本书将研究聚焦于平台式网络购
物情境下的商品质量管控，对市场实践具有更为重要的指导意义。

2.1.2　商品质量的内涵和外延

虽然从质量的载体来看，可泛指任何事物、人、组织及其组合，但通常
指的是产品和服务质量。具体到本书的研究，则聚焦于产品（商品）质量。

1. 质量管理领域对质量的论述

从对质量管理学科产生重大影响的世界质量巨匠对质量的论断中，可将质量定义分为两类：第一类指的是产品和服务的特性符合给定的规格要求，通常是定量化要求，持该观点的代表人物是克劳斯比和田口玄一；第二类的观点是产品和服务特性满足顾客期望，代表人物有休哈特、朱兰、戴明、费根堡姆和石川馨。

随着 ISO 9000 在企业的广泛应用，ISO 9000 关于质量的定义逐渐为越来越多的人所接受。ISO 9000：2000 对质量的定义为：一组固有特性满足要求的程度。特性分为固有特性与赋予特性，既可以是定量的也可以是定性的。固有特性是指本来就有的、长久不变的属性。就产品质量而言，固有特性通常包括性能（物理、化学或技术性能等）、感官的特性（嗅觉、触觉、味觉、视觉、听觉）、时间的特性（可信性、寿命）、人体功效方面的特性（生理特性及人身安全特性）、功能特性（发动机功率、飞机时速）等。而具体到不同类别的产品，质量特性的具体表现形式也不尽相同。服务是提供服务的组织或个人在和顾客的接触活动中，至少完成一项活动的结果，它具有无形性、非存储性、同步性、异质性。因此，ISO 9000 质量定义中的"固有特性"反映了质量客观性的一面。而"满足要求"则是指满足各种主观要求，包括"明示的、通常隐含的或必须履行的需求或期望"。明示的要求是指合同等文件中规定的或顾客明确指出的要求；隐含的要求通常是指作为一种习惯和常识，应当具有的不言而喻的要求；必须履行的要求通常是指"法律法规的要求"。

也有学者从时间维度对质量概念的演变进行了梳理，如熊伟将质量概念的演变途径划分为符合性质量（生产者立场）、适用性质量（消费者立场）和魅力性质量（相关方立场）。而由于顾客及其相关方的需求是动态的、广泛的，因此，质量具有广义性、经济性、时效性及相对性。广义性是指在质量管理体系所涉及的范畴内，组织的相关方对组织的产品、过程或体系都可能提出要求。而产品、过程和体系又都具有固有特性，因此，质量不仅指产品质量，也可指过程和体系的质量。经济性通俗地讲就是价廉物美，反映了人们的价值取向。虽然顾客和组织关注质量的角度不同，但对经济性的考虑是一样的。高质量意味着最少的投入，获得最大效益的产品。时效性指的是顾客和其他相关方对组织和产品、过程和体系的需求和期望是不断变化的，因此，组织应不断地调整对质量的要求。而质量的相对性是指，组织的顾客和其他相关方可能对同一产品的功能提出不同的需求；也可能对同一产品的同一功能提出不同的需求；需求不同，质量要求也就不同，只有满足需求的产品才会被认为是质量好的产品。

2. 营销领域对质量的论述

质量管理领域对质量的研究起源于工业制造，其内涵从产品制造逐渐扩展至过程、体系再到顾客和相关方。随着质量内涵的不断延伸，Garvin 认为可以是基于产品的（存在于产品的零部件及特性中）、基于制造的（符合设计规格的产品）、基于用户的（顾客满意的产品）、基于价值的（物超所值的产品），总而言之，大部分质量定义难以形容，可以称为一种直觉的感知。

营销领域对质量的研究重点关注顾客，属于消费者行为的研究范畴。学者们将产品质量分为产品客观质量和顾客感知质量，通常将感知质量的研究与购买决策联系起来。有关产品客观质量和顾客感知质量的相关论述见表2-1。

表2-1　产品客观质量和顾客感知质量的论述

质量	学者	具体论述
产品客观质量	Riesz（1978）	客观质量是对产品特点，如设计、耐用性、性能和安全等方面的无偏见评价
	Zeithaml（1988）	客观质量是能够测量或者能够证实的、在某些预先设定的理想标准方面的优越性
顾客感知质量	Zeithaml（1988）	感知质量是关于一个产品优越性或卓越性的判断
	Kirmani 和 Baumgartner（2000）	感知质量是消费者使用内部线索和外部线索对品牌所有优越性的评价
	毕雪梅（2004）	顾客感知质量，是指顾客按自己对产品的使用目的和需求状况，综合分析市场上各种经由正式或非正式途径获得的相关信息，对一种产品或服务所做的抽象的、主观的评价

为了防止信息不对称下的逆向选择，提高市场效率，买方要尽可能地搜寻并利用卖方和产品信息，根据商品的内外部线索分离出质量信息，形成对商品的感知质量，并进一步将其与自己的需求相对照，从而形成购买

决策。

Zeithaml（1988）认为，感知质量与客观质量相比，是一种更高层次的抽象，而不是产品的具体属性，在某些情况下是一种类似态度的总体评估，通常是在界定的组合中给出的判断。

大量西方学者们研究了价格、品牌、广告等线索与感知质量的关系，研究发现，内外部线索对感知质量、感知价值和购买意向有正面或负面的影响，而感知质量与感知价值和购买意向正相关。因此，感知质量的提升有助于提高消费者购买意向，增加产品的销量。

线索利用理论认为，产品是由一系列能够作为消费者评价产品质量的信号组成的，消费者将获得的相关质量信息作为判断产品质量的线索。线索根据其特点，可分为内部线索和外部线索。内部线索是与产品的物理组成部分相关的特征，只有当产品本身的属性改变时它们才发生变化，主要有产品大小、形状、味道等；而外部线索则是与产品相关的特征，包括价格、品牌名称、包装、广告、质量保证、第三方认证、原产地、商店名字和零售商的声誉等。在信息不对称的情况下，消费者没有足够的能力去准确地评估产品质量，只能利用一定的外部和内部启发式线索去衡量产品质量。而在网络购物市场中，由于存在信息与实物相分离、商品与售卖网站相分离、交易者在物理空间上相分离，以及付款与商品交付相分离的现象，致使买卖双方在商品质量信息的占有方面更加不平衡，信息不对称现象比传统实物市场更为严重，因而买方更倾向于根据产品的内外部线索分离出产品质量信息，进而形成对产品的感知质量。目前，作为一个庞大的商业生态系统，网络购物市场中的利益相关方众多，表2-2根据不同的相关方梳理了买方在网络购物过程中可能利用到的内外部线索。

表2-2　买方在网络购物过程中可能利用到的内外部线索

相关方	内外部线索	说明
政府监管机构	监管制度	如网络购物信用体系、商品质量抽查等方面相关法律法规的制定和完善。买方据此获得商品质量的外部线索
	监管措施	如工商行政部门对商品质量的检查（抽查）机制，针对网络购物平台、卖方违规行为所采取的惩罚措施及其力度。买方据此获得商品质量的外部线索

续表

相关方	内外部线索	说明
网络购物平台	平台声誉	平台在商品质量方面的美誉度。买方据此获得商品质量外部线索
	卖方准入门槛	如卖方保证金缴纳的多寡、是否必须获得第三方质量认证等规定。买方据此获得商品质量的外部线索
	信息（卖方及商品信息）展示格式及技术	如信息展示模板的全面性、展示技术应用的先进性，是否提供按卖方信誉或商品质量的搜索机制。买方据此获得商品质量的外部线索
	针对卖方和商品的在线信誉反馈	买方根据其他消费者提供的商品质量信息获得商品质量内部和外部线索
	违规、欺诈行为的惩罚规定及措施	买方据此获得商品质量的外部线索
	产品质量保证机制	如 7 天（或 15 天）无理由退换货、先行赔付、假一赔三等机制。买方据此获得商品质量的外部线索
	产品质量检验	买方据此获得商品质量的内部和外部线索
卖方	卖方性质	指的是卖方属于个人、商家、普通商铺还是旗舰店。买方据此获得商品质量的外部线索
	信息（卖方及商品）展示	如信息的完备性、可靠性。买方据此获得商品质量的外部线索
	产品价格	买方据此获得商品质量的外部线索
	产品品牌	买方据此获得商品质量的外部线索
	产品包装	买方据此获得商品质量的外部线索
	产品所获质量认证	买方据此获得商品质量的外部线索
	广告	买方据此获得商品质量的外部线索
	退换货等商品质量保证承诺	买方据此获得商品质量的外部线索
	产品质量检验	买方据此获得商品质量的外部线索

相关方	内外部线索	说明
第三方服务机构	产品质量认证	包括第三方认证机构的声誉和所获产品认证，买方据此获得商品质量的内部和外部线索
	产品质量检验	包括第三方检验机构的声誉和质量检验结果，买方据此获得商品质量的内部和外部线索
	物流配送	包括物流配送机构的声誉和配送的安全性、完整性，买方据此获得商品质量的外部线索

在网络购物环境下，买方在交付前无法接触到商品，不能通过感官感知其形状、气味、触感等，不容易获得商品的内部线索，此种条件下买方更多地使用了外部线索。

综上所述，质量有产品质量、服务质量、过程质量、体系质量；从不同的视角看，有客观质量和感知质量，也有生产过程的质量和流通领域的质量；从质量满足要求的角度看，满足的可以是标准的要求，也可以是合同协议的要求、顾客的要求或相关方的要求。因此，质量是一个多维度、多层次的概念。具体到本书而言，研究对象是网络购物市场中的商品质量，在后面章节的论述中，涉及顾客感知质量的研究（如顾客所发布的在线信誉评价），也包含对商品客观质量的研究（如线下商品质量检验的管控措施）。

2.1.3 假冒伪劣商品的内涵

如果要研究网络购物商品质量管控，首先需要确定在网络购物市场中，商品质量存在哪些问题。通常在我国，人们对存在质量问题的商品习惯性地统称为"假冒伪劣"商品。实际上，细究下来，"假冒伪劣商品"可分为两大类：第一类是"假、冒、伪"，统称为"伪"，即"仿冒"商品，仿冒是通过抄袭和模仿品牌产品的商标、外观设计、产品实际内容等手段达到获取非法利润目的的一种侵权行为（人们通常所说的"打假"的对象实际上多指的是仿冒商品，即"伪"）；第二类是"劣"，即"劣质"商品。"劣质"商品又可进一步分为三种：伪而不劣型、劣而不伪型、既伪又劣型。根据国家质检总局的规定，"劣质"商品可分为：①伪造或者冒用认证标志、名牌产品标志、免检标志等质量标志和许可证标志的；②伪造或者使用的虚假的产地的；③伪造或者冒用他人的厂名、厂址的；④假冒他人注册商标的；⑤掺杂、掺假，以假充真、以次充好的；⑥失效、变质的；⑦存在危及人体健康和人身、财产安全的；⑧所标明的指标与实际不符的。

在英语的词汇里，较少如汉语里的"假冒伪劣"词语一起说。如"coun-terfeit""fake""bogus"等词指的是"假冒"和"伪"，侵犯的是他人的知识产权，包括商标权、著作权、专利权等。而"shoddy""inferior"等词则主要指的是劣质商品，侵犯的是消费者的权益。因此，从保护知识产权的角度，权利人看重的是"假"的问题，而从消费者权益保护的角度，消费者更看重"劣"的问题。

假冒伪劣商品不仅存在于我国的网络购物市场中，它是市场经济条件下的一种普遍现象，是与传统实物市场共生共荣的。在学术界，探讨仿冒品的研究数量较多。经济合作发展组织（OECD）2007 年发布的报告中指出，全世界所有形式的仿冒品贸易额达 1760 亿美元，约占世界制造业贸易额的2.4%。随着经济全球化的发展，仿冒商品的生产和交易正日益发展成为一个供应链问题。与仿冒品相关的一些概念还有正品（或称真品）、高仿、特 A级、模仿产品等概念。其中，正品即仿冒品所抄袭和模仿的品牌产品；高仿、特 A 级、AA 级、A 级、B 级和 C 级是根据仿冒品的质量所划分的不同等级的产品；随着科技的发展和生产制造水平的提高，仿冒品越来越不易鉴别，特A 级的拟真度可达 95%；而模仿产品与仿冒产品两个概念容易被混淆，有专家定义品牌模仿是对市场中存在的产品或品牌通过微小改进而进行再创新，或者说，模仿产品只是部分而非全部模仿原品牌或产品的外观或设计，而仿冒品则是 100% 抄袭或复制市场中知名品牌或领先品牌的设计，并以很低的价格销售的复制品。一些专家认为"山寨"属于模仿产品，模仿（包括山寨）产品并非中国特有的或最近才出现的现象，而是很多后发国家/企业在实现技术追赶和技术跨越的过程中共同走过的道路，如果操作得当，对组织创新具有积极的意义。

在网络购物情景下，存在信息与实物相分离、商品与售卖网站相分离、交易者在物理空间上相分离、付款与商品交付相分离的现象，买方无法在交易前触摸并感受商品，因而无法像传统市场购物那样通过接触商品获得内外部线索，这对于消费者对商品质量的判定和感知质量形成具有较大影响。例如就仿冒品和正品来说，在网络购物中，仿冒品使用的商品描述和图像可能是复制正品的。价格、品牌等外部线索虽然可以利用互联网的优势收集到大量信息进行比较，但仍存在信息失真、过载的现象，再加之监管不力之下虚假信息流的传播，导致互联网上的逆向选择和道德风险问题被强化了。因此总体来说，由于网络购物中买卖双方在商品质量信息的占有方面更加不平衡，信息不对称现象比传统实物市场更为严重，从而导致商品质量问题更加突出。

例如，在购物平台上存在着很多销售假冒伪劣商品的网店，无论是在网络购物平台的实践中还是学术界的研究中，都在试图探讨如何识别这些假冒伪劣卖方及其产品，但仍然存在诸多困难。Mavlanova 和 Benbunan – Fich's（2010）推测假冒伪劣网店可以通过廉价的手段建立买家对它们的信任，例如可通过完善一些网站指标，像订单追踪和退货、安全和隐私政策来达到该目的。同时，他们的研究还发现，与授权网店相比，非授权网店更可能包含第三方认证，力图使自己看起来更像授权网店。因此，订单追踪和退货、安全和隐私政策这些指标不能区分商家是否被授权。Jeremy M. Wilson（2014）选取两种网站——奢侈服装制造商和音像电子公司，并对授权商店和假冒伪劣商店的 B2C 网站进行文本分析，作者提取了交互性和导航、功能、市场营销和安全作为有效区分授权商家和假冒伪劣商家的指标。结果表明假冒伪劣网店在一些关键属性上不同于授权店，假冒伪劣网店更能快速变更，所以更少考虑到顾客购物体验，如对顾客的服务、对用户评价的回应、社交媒体，包括对主页里的视频和图片的忽视，也验证了这些网店不会有较长的经营时间。但是，这些关键属性随着行业不同而变化。Rahm（2014）提到打击网上的假冒伪劣产品仍然存在诸多困难，原因在于以下几点：第一，涉及大量的商家、网站和商品，技术和人工方面均存在难题；第二，网上交易变化非常快，无论是商品还是网站、商家都变化频繁；第三，假货会盗用正品的描述和图片，给判定带来困难；第四，识别假冒伪劣商品需要大量自动化方法对网站和商品的监控，就算专家也很难完全远程证实一件商品是否为正品，机器算法目前还不够完善。

2.2 商品质量问题发生机理

接下来，我们进一步探析网络购物商品质量问题的发生机理，以便更有针对性地研究商品质量管控措施。主要有以下三个方面的原因：第一，网络环境下更强的信息不对称和市场不确定性；第二，制度和监管方面的缺位、不到位；第三，消费者心理和行为的失衡、不成熟。

2.2.1　网络环境下更强的信息不对称和市场不确定性

网络购物中商品质量问题发生的根源是由于网络的特性所造成的更为严重的信息不对称和市场不确定性，其直接影响因素是买方的逆向选择和卖方的道德风险（见图2-2）。

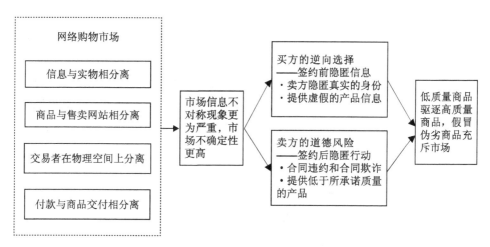

图2-2　网络购物商品质量问题发生机理

在市场经济活动中，买卖双方对有关信息的了解是有差异的，在这种信息不对称的情况下，卖方比买方更了解有关商品的各种信息，消费者没有足够的能力去准确地评估产品质量。市场信号显示在一定程度上可以弥补信息不对称的问题，即消费者利用一定的启发式线索去度量产品质量。根据线索利用理论，产品是由一系列能够作为消费者评价产品质量的信号组成的，消费者将获得的相关质量信息作为判断产品质量的线索。表征质量的属性被划分为内部线索和外部线索，内部线索是与产品的物理组成部分相关的特征，只有当产品本身的属性改变时它们才发生变化，主要有产品大小、形状、味道等，而外部线索则是与产品相关的特征，包括价格、品牌名称、包装、广告、质量保证、第三方认证、原产地、商店名字和零售商的声誉等。在信息不对称的情况下，消费者没有足够的能力去准确地评估产品质量，只能利用一定的外部和内部启发式线索去衡量产品质量。

在传统实物市场中，买方可以使用产品的内部线索（大小、形状、味道等）和外部线索（价格、品牌名称、包装、颜色等）来判断产品质量，而在网络购物市场中，由于存在信息与实物相分离、商品与售卖网站相分离、交易者在物理空间上相分离、付款与商品交付相分离的现象，致使买卖双方在商品质量信息的占有方面更加不平衡，信息不对称现象比传统实物市场更为严重，无法像传统市场购物那样通过接触商品来获得内外部线索，这对于经验产品（experience goods）的质量判定和感知质量形成尤为重要。价格、品牌等外部线索虽然可以利用互联网的优势收集到大量信息进行比较，但仍存在信息失真、过载的现象。

根据信息经济学理论，不对称信息可分为隐匿信息（hidden information）和隐匿行动（hidden action）。隐匿信息对应逆向选择，指的是在签约前，了解更多信息的卖方可能隐匿真实的身份信息和提供虚假的产品信息，此种情况下，买方所采取的应对措施即为"逆向选择"；而隐匿行动对应道德风险，指的是签约后卖方出现合同违约、合同欺诈等卸责行为，以及向买方提供低于所承诺质量的产品。网络购物中信息不对称现象更为严重，买方担心卖方提供虚假信息或者不能履行承诺，因此更容易采取逆向选择行为来保护自己的利益；卖方则为了获取更多的收益，出现合同违约、欺诈和不守信的行为来变相剥削买方。买方的逆向选择和卖方的道德风险直接导致了网络购物市场中低质量的、假冒伪劣的商品充斥市场。

下面对两个直接影响因素——买方逆向选择行为和卖方道德风险，分别阐述它们所引发的网络购物中的商品质量问题。

1. 买方逆向选择行为

Akerlof（1970）通过对二手车市场的观察和分析，提出了著名的信息不对称条件下的柠檬原理（"柠檬"在美国俚语中表示"次品"或"不中用的东西"），并开创了逆向选择（adverse selection）理论。在二手车市场上，卖方拥有更多有关车的质量的信息，买卖双方存在着信息不对称问题，在买方不能确知所购车辆内在质量的前提下，他愿意接受的价格只能是所有二手车价值按概率加权计算的一个平均值，这样一来，质量高于平均值水平的卖方就会退出交易，只有质量低的卖方才会进入市场，循环往复，质量均值越来越低，低质量二手车逐渐将高质量二手车挤出交易市场。后来，Akerlof 的理论被广泛应用到经济、金融等各个领域。

由于网络购物市场中的信息不对称更为严重，逆向选择现象也就更为突出。Dewan 和 Hsu 通过对在线邮票拍卖市场的分析，认为在 eBay 上存在严重的逆向选择，逆向选择成本平均为 10%~15%，而且商品价值越高，逆向选择成本越高。Huston 和 Spence 使用网络铸币市场的数据，分析了在不对称信息条件下质量和价格的关系。结果显示，声称较高质量的铸币不易售出，而当它们以低于市场价值销售的时候则容易售出。Huston 和 Spence 通过测算还发现：在所销售的铸币当中，价格随着质量升高的部分中每一美元只有 87 美分被认为是随着质量提高的，这个事实说明，消费者对卖方所宣称的质量提高会打折扣。潘勇以网络茶叶交易市场作为研究对象分析了淘宝上存在的"柠檬"现象。茶叶作为一种典型的经验商品，其质量标准不统一，质量等级的鉴定不宜进行。买家收到商品后，除非有丰富的经验，很难鉴定其真实质量等级。因而，买方在购买此类商品时最有可能采取消极态度来应对可能承受的风险，即选择低价商品而拒绝高价商品。分析结果证明了在该市场中网络"柠檬"现象的存在：商品价格对销售量的影响比较显著，但其系数为负值，绝对值较小。即价格越高的商品越难以卖出。

在"逆向选择"的作用下，如果没有适当的管理和防范措施，最终将导致网络购物市场中低质量商品驱逐高质量商品。

2. 卖方道德风险

网络购物中不存在面对面的交易，而且买方与商品也缺乏物理性接触，因而产生了交易方和商品质量的双重不确定性，在这种条件下，买方更加不具备监控卖方行为的能力，从而导致市场的不确定性也更高，卖方更易出现"隐藏行动"，与传统市场相比，合同违约或欺诈、不守信行为更容易发生。

Jin 和 Kato 对 eBay 未经分级的棒球卡的交易情况进行了为期 7 个月的观察，未经分级的棒球卡的质量很难在线检测出来，唯一可获得的信息是卖方所做的质量声明和描述。研究结果发现，在质量声明中声称是高质量卡的卖方的价格高出平均价 33%～51%，但经专业检测发现"高"质量卡名不副实，其中存在卖方欺诈行为，买方付了较高的价格却没得到更高的商品质量。而且网络购物环境使得具有欺诈动机的卖方易于改变身份或者可能同时具有多重身份，因而基于长期交易的信誉约束对交易方欺诈行为的制约作用变得较弱，具有欺诈动机的卖方进行欺诈的机会成本较低，如在 eBay 上买卖方可以匿名转换，加大了交易方和商品质量的不确定性，卖方的违约和欺诈行为更易操作，也更为隐蔽。国内的网络购物网站近年来逐步采取了卖方实名认证等诸多管控措施，但违约或欺诈行为仍然时有发生。

2.2.2 制度和监管方面的缺位、不到位

线上和线下两个渠道越来越呈现相互替代、共生，乃至融合并逐步发挥出协同效应的局面，对于假货和仿冒品的流通也是如此——假冒伪劣问题与我国市场经济相伴相生，网络购物的兴起和发展则在一定程度上推动和放大了这种行为。

很多学者研究了传统实物市场中假冒伪劣现象的产生原因。周黎安（1996）认为假冒伪劣主要源于当时过于分散化的市场结构（产业集中度低、行业进入门槛低）和特定的企业产权制度，是我国众多生产者和销售者对声誉投资缺乏关注而引起的，即假冒伪劣商品出现频率较高的消费必需品行业的行业集中度和企业规模属于较低的一类，进入壁垒也相对较低。而且受到经济利益的诱导，甚至出现了具有地方保护主义色彩的、有组织的造假行为。在社会普遍存在信任危机的情形下，朝向私利动机的规避、违抗、操纵制度管制和规范成为一种普遍的文化认知，市场上产生群体利用质量信息不对称牺牲相关者利益以追逐其利润最大化的投机行为，被称为"群体性败德行为"，监管部门事后监督与法律惩罚或因法不责众、利益驱使等原因而失效。

因此，很多时候政府在制止假冒伪劣现象方面的作用是有限的。一方面，法规不完备，对侵害消费者权益的行为处罚太轻，有法不依、执法不严的现象时有发生；另一方面，地方政府的保护主义政策实际上在很大程度上抵消了中央政府创造信息和监督合约的作用。即使制定了相关的法律法规，但相关方有法不依且监管缺位等现实问题使得假冒伪劣现象曾在一段时间内愈演愈烈。仿冒造假者呈现从个别分布的单体向分工日趋严密和专业的供应链、集团化操作发展的态势。

究其根本而言，网络购物市场中流通的商品同样来源于线下实物市场，网络购物在地理空间上的扩大又在一定程度上推动、放大了假冒伪劣现象。而且由于我国电子商务和网络购物的高速发展，在该领域内，相关政策法规的制定本身就较为滞后；在监管方面，囿于监管机构的行政区划、监管手段创新性不足等现实问题所限，更是处于实际的监管缺位、不到位的状态，这也是我国网络购物商品质量问题发生的重要原因之一。

对于该问题，线下市场中制度和监管方面的缺位不是本书讨论的重点，而有关政府在网络购物商品质量管控中相关制度及监管措施将在第 3 章中展开详细探讨。

■ **卖假鞋者三次被抓，却一天牢没坐**

　　安踏曾连续追踪打击在网上售卖假冒安踏运动鞋的嫌疑人刘某某。2011年年底，安踏配合执法部门查处其在福建泉州晋江的售假窝点，但现场只查获 200 多双假鞋，不足 5 万元的现行入刑点，公安部门只能没收假鞋和售假电脑设备。2012 年夏，安踏再次发现刘某某在网上售假，并查到其在江西丰城一商铺中的售假窝点。但质检部门和公安部门现场仅查获 50 多双假鞋，只能再次没收售假电脑设备，质检部门对其进行了罚款。2013 年年底，安踏终于查到刘某某在江西高安的制售假鞋工厂和仓库，这次现场查处 6000 多双假鞋和相应制假设备，案值数百万元，刘某某终于被刑事拘留并移交司法部门，然而，却只被判有期徒刑 3 年缓刑 5 年并处罚金 25 万元，一天牢没坐就回了家。而据安踏的监控，此后刘某某仍在从事制售假鞋生意，只是不假冒安踏了。安踏集团法务部品牌保护周经理说，安踏每年投入数百万元打假，但最终付出代价的制售假者寥寥。

　　2016 年年底，在一起莆田假鞋案中，4 万多双假鞋从莆田销售到全国各地。然而消费者不知道的是，造假者用 VPN 代理技术将网络店铺的地址虚拟为世界的任何地方，而发货时与物流公司合谋，将真实的发货地莆田改为美国、日本等地。一位老公安人员介绍，在电子商务类案件中，一个案件可能会涉及全国十几个省份，公安机关取证非常难。像近似商标的散件组装、货标分离等情况，法律上怎么认定、规范执法的细节流程等，都没有明确说法。

　　资料来源：搜狐新闻 http://www.sohu.com/a/128701356_ 157520.

2.2.3　消费者心理和行为的失衡、不成熟

　　假冒伪劣存在的另一个重要原因来源于消费者心理和行为的失衡、不成熟，假冒伪劣商品存在实际的市场需求。这方面的研究主要集中于对仿冒品的研究上。

　　对大多数网络消费者而言，以较低的价格获得较高的收益是一种普遍性的购买选择，当他们面对真品与仿冒品时，若仿冒品存在价格优势且外观、质量上又能达到最低需求，那么很多消费者就会选择仿冒品而非真品。在我国特殊的经济发展阶段下，一些消费者抱有虚荣、社交、专家、反大企业、务实、尝新、玩乐等消费动机购买仿冒品（尤其是仿冒奢侈品）。其中，虚荣

动机指的是通过仿冒奢侈品消费来修饰自己的外在社会形象，将自己与特定的社会阶层联系起来，以此来博得关注或获得社会地位和身份的提升，进而获得内心满足感的动机。社交动机指的是消费者通过仿冒奢侈品的赠送与分享，和朋友共享乐趣，强化或拉近彼此之间的关系的动机。专家动机指的是消费者通过购买和使用仿真度高的仿冒奢侈品骗过身边的人或懂行的人，使他们相信自己使用的是真品，并由此获得乐趣与成就感的动机。反大企业动机指的是消费者由于不认同奢侈品牌在奢侈品交易中的强势地位和高额的获利而选择购买仿冒奢侈品，并将其视为对正牌奢侈品暴利的回击的动机。务实动机反映了消费者的理性消费的心理，即通过购买性价比高、质量不错且实用的仿冒奢侈品来达到优化自己的资源（金钱）配置的目的。

仿冒品以超乎寻常的性价比吸引消费者知假购假，特别是近年来仿冒品的质量越来越高，网络购物渠道使之更加容易获取等原因，使得消费者炫耀性消费倾向增强了。

■ 消费者对待仿冒品的态度

"那个人希望用较低的价格买到一件好的奢侈品，她知道虽然这不是一件真品，但是或许大街上的人相信这真的是 Gucci 或者 Dolce & Gannana……这类人关心的是自己给别人留下的印象。"

"年轻人受那些经常穿戴 Louis Vuitton 和 Christian Dior 的北美名流影响很大。他们希望模仿奥斯卡颁奖典礼上的明星的风格……法国的 Glamour 或 Elle 每周都有一款特别的提包与名流们使用的款式相同……通常一季有 4~5 款……"

"他们（仿冒品购买者）看中的并不是精美的包装或装潢精致的商店，而是其他人的看法和自己给别人留下的印象。"

"这取决于你住在什么地区……在大城市，社会生活的压力和周围人的攀比使你不得不拥有这些品牌。"

"出去航海的时候我戴仿冒 Gucci 太阳镜之类的装备，这样我就不用担心丢掉正版的 Ralph Lauren。我还买过一个仿冒的 Gucci 皮带，因为它很漂亮。"

资料来源：节选自卢晓《全球视角下仿冒特色商品购买动机研究》。

第 3 章

网络购物商品质量三级管控体系

　　"夫物者有所宜，材者有所施，各处其宜，故上下无为。"网络购物商品质量管控体系中，各利益相关方科学分工，各处其宜，各负其责。

3.1　网络购物商品质量管控的定义及实质

　　我们谈到提高产品或服务质量的方法、手段和路径时，使用"质量管理"一词较为常见。通常，质量管理指的是为了某个组织的质量目标而进行的计划、组织、领导与控制活动，后来又逐渐延伸至供应链上，指的是围绕供应链的核心企业所展开的质量管理活动和相关决策的协调和控制活动。

　　本书的研究对象是网络购物中的商品质量，涉及包括网络购物平台、卖方企业、政府监管机构在内的多个层次的主体，与传统单个企业或某条供应链上的质量管理活动相比，其管理方法和路径具有明显的不同。本书使用"商品质量管控"一词来表述多个管控主体所实施的以提高商品质量、降低商品质量的不确定性为目的的机制和措施。下面将在回顾组织中与供应链上的质量管理理论、商业流通领域的质量管理理论的基础上，阐述"网络购物商品质量管控"的定义及其实质。

3.1.1　相关质量管理理论

1. 组织中的质量管理

　　如果没有特殊说明，通常我们所说的质量管理指的就是对一个组织中产品质量和服务质量的管理。ISO 9000 标准中定义质量管理为：在质量方面指挥和控制组织的协调一致的活动。这些指挥和控制活动包括制订质量方针和质量目标、质量策划（即计划）、质量控制、质量保证和质量改进。对组织中质量管理的研究起源于生产制造领域，后来扩展至服务业、公共事业等领域。

从现代质量管理的实践来看，按照解决质量问题的手段和方式，质量管理的发展过程大致划分为三个历史阶段：质量检验阶段、统计质量控制阶段和全面质量管理阶段。其中，质量检验阶段主要依靠事后把关，是一种防守型的质量管理；统计质量控制阶段主要在生产过程中实施控制，通过控制原因而实现预期目标，是一种预防型的质量管理；而全面质量管理则保留了这两者的长处，以满足顾客要求为目标，对产品生命周期的整个过程（质量环）实施管理，是一种"全面的、全过程的、全员参加的"质量管理。

值得一提的是，全面质量管理的英文 TQM 是从 TQC 演化而来的，质量管理在最初的英文表述中也是 QC。在质量管理的第二个发展阶段——统计质量控制阶段中，质量管理被称为"统计质量控制"，即 SQC（Statistical Quality Control）。1956 年，美国通用电气公司的费根堡姆发表了题为"Total Quality Control"的论文，并于 1961 年出版了同名著作，该种表述沿袭自 SQC，反映了那个年代质量管理是以制造业的生产过程和产品质量为主要研究对象的。受到美国质量管理专家戴明的指导和影响，20 世纪六七十年代 TQC 在日本大放异彩，20 世纪 90 年代，在世界范围内开始越来越多地使用 TQM。1997 年，日本科学技术联盟（JUSE）正式宣布将 TQC 改为 TQM，这也标志着质量管理从"小质量"向"大质量"的跨越——不仅着眼于生产制造过程的质量控制和质量检验，而且覆盖研发、生产、营销、支持等所有过程；不再局限于质量部门，而是包含公司所有部门；顾客不仅指外部顾客，还包括内部顾客；质量不仅被视为技术问题，更是经营问题。正是基于这样的管理理念，ISO 9000 族标准才提出了反映组织全面质量管理的八项质量管理原则，它们是：以顾客为关注焦点、领导作用、全员参与、过程方法、管理的系统方法、持续改进、基于事实的决策方法和互利的供应商关系。

下面简单介绍组织中全面质量管理的几个重要方法或概念。

（1）朱兰三部曲

朱兰博士认为，在质量管理活动中频繁地应用着三个质量管理过程，即质量计划、质量控制和质量改进，它们被称为"朱兰三部曲"或"质量管理三部曲"。质量计划指开发产品或服务的一个结构化的过程，包括设立项目、识别顾客、揭示顾客的需要、产品的开发和过程的开发几个步骤。质量控制的目的是提供稳定性，组织通过对实际绩效加以评估，将之与目标进行对照，从而发现差异并采取措施消除两者的差异。质量改进是指实现前所未有的质量水平的过程。

（2）过程管理

埃文斯等认为组织必须在三个层面上实施全面质量，即组织层面、过程层面和执行/岗位层面，而其中过程层面的质量管理尤为重要。过程将所有必需的活动连接了起来，并有助于提高人们对于组织系统的全面认识，而不是只看到一个局部。许多改善组织绩效的大机会都蕴藏在组织的边界上，也就是组织结构图上方块之间的区域。但传统的观察组织的方式是一种纵向的方式，是按照组织结构图（由上而下或从下至上）来思考的。然而，工作的成败绝大多数取决于横向的或跨部门的协作，而非纵向的分工方式。过程方法是一种横向思考的方法。

美国 AT&T 公司认为，过程就是工作为顾客创造价值的方式。ISO 9000 族标准中对过程的定义是"一组将输入转化为输出的活动"，"任何使用资源将输入转化为输出的活动或一组活动均可视为一个过程"。如果从生产的角度来认识过程，即将输入（生产设施、材料、资金、设备、人员以及能源）转化为输出（产品和服务）的活动和作业的集合。所谓"过程方法"，就是"系统地识别和管理组织所应用的过程，特别是这些过程之间的相互作用"。

现代质量管理理论中突出强调控制影响目标的过程因素的重要性，从对组织目标控制转向对组织实现目标的过程控制，即应用过程方法，从控制结果到控制过程。

（3）质量保证

ISO 9000 中指出：质量保证作为质量管理的一部分，致力于提供质量要求会得到满足的信任。由于现代产品的性质和特征与传统产品相比发生了本质的变化，顾客不可能依据自身的知识和经验对产品的质量是否满足其要求做出充分准确的判断，因此逐渐形成了由产品提供方向市场及其利益相关方提供产品质量满足顾客要求的信任的保证。

朱兰认为，质量保证类似于质量控制，两者都评价实际质量，都将实际质量与质量目标相对照，都鼓励采取必需的纠正措施。两者的差异在于各自所服务的主要目的不同。质量控制主要服务于那些直接负责运营的人员，帮助他们调节当前的运营状况；质量保证则服务于那些并不直接从事运营但有必要知情、有必要了解事情进展状况并希望确信诸事进展顺利的那些人员，如顾客、公众、有关团体、主管机构等。从这个意义上讲，质量保证与保险类似，两者都意味着用较少的花费来获得一种免于更大损失的保护，质量保证的保护来自一种可能避免更大损失的早期预警，保险的保护则表现为发生损失后的补偿。

最早制定和实施质量保证标准的是美国军方。20 世纪中叶，军事科技和工业技术迅速发展，武器装备系统集成度越来越高，生产过程日益复杂，许多产品的质量问题往往是在使用过程中才暴露出来的，因此 1959 年美国军方发布了 MIL-Q-9858A（《质量大纲要求》），针对供应商的质量管理体系提出要求。随后美国在军品生产方面的质量保证活动取得成功，在世界范围内产生了很大影响，促成了一些工业发达国家纷纷效仿。在 20 世纪 70 年代末，许多国家先后制定和发布了一系列用于民品生产的质量管理和质量保证标准。当今世界，经济全球化进程日益深入，各国间的经济交流与合作规模不断扩大，自然产生了质量保证的国际化标准。

最初的产品质量保证就是对实物产品的性能（质量）符合规定要求的承诺，即组织保证向顾客提供"合格产品"。判定合格与否的依据可以是厂商标准、行业标准或国家标准。标准将代表产品质量的性能指标分为几个等级，以判定实物产品所达到的响应的质量水平。其特点是产品质量以特定等级的质量标准衡量，只有合格与不合格两种状态。这是质量保证的初级形式，主要体现为"保证质量"的产品技术规范。随着市场经济的发展，尤其是买方市场形成以后，市场竞争越来越激烈。为了争夺消费者，人们开始认识到即使产品能够全部达到技术规范的要求，也未必能满足顾客越来越高的质量要求，并赢得顾客的信任。所以产品的概念逐步扩展到产品质量形成系统，即在实物产品或实际服务的基础上，还包括了从顾客需求识别到产品售后服务等一系列附加范围。相应地，质量的概念从产品性能达到要求的符合型质量，发展到产品的整个系统过程能够满足顾客和相关方需求的质量，所以质量保证的范围也扩展到从产品质量的产生和形成一直到产品质量实现的全过程。质量保证成为建立在系统性质量管理体系基础之上的组织承诺和信用公示。

（4）质量监督

质量监督是指为了确保产品符合规定的质量要求，由国家和政府以及顾客或第三方对企业产品或质量体系等的状况进行持续的监督和验证，并对完成的活动或达到的结果的记录进行分析的宏观管理方式。在具有不完全信息的市场经济条件下，质量监督作为买卖双方争议和行为的评判而发展起来。质量监督的对象包括产品、过程、体系，以及作为这些对象的行为主体的组织，在我国，监督的方式分为行政监督、法制监督、技术监督、质量认证制度、生产许可证制度等。

法制监督是各类监督体系建立和实施的基础。世界各国都有比较完善的法律监督体系，主要是产品责任法，如美国的《统一产品责任示范法》、欧盟的《产品责任指令》等。我国涉及产品质量的法律法规主要包括三个方面：第一，产品质量的基本法，如《产品质量法》；第二，产品质量涉及的专门法律，如《标准化法》《计量法》《食品卫生法》等；第三，有关产品质量的综合性法律，如《消费者权益保护法》《反不正当竞争法》等。

技术监督是一种复合性监督，一是用技术手段监督，二是对技术水平监督。技术监督比行政监督具有客观性、准确性和稳定性的优点。

（5）质量认证

质量认证是指认证机构证明产品、管理体系符合相关技术法规或者标准的合格评定活动。质量认证制度是解决由于信息不对称所产生的"逆向选择"行为的一种有效途径。

通过质量认证，可以证实生产者所传达的信息的真实性和准确性。质量认证如同一面镜子，见证生产者和销售者的真实情况。例如，世界各国普遍实施的强制性产品认证制度，即通过制定强制性产品认证的产品目录和实施强制性产品认证程序，对列入目录的产品实施强制性检测和审核，国家利用强制性产品认证制度作为市场准入制度的手段，也是国际上采用的惯例。我国实施的"3C 产品认证"就是一种强制性产品认证。

表 3-1 列举了常见的认证分类。如根据认证对象和适用标准，可分为管理体系认证和产品认证，其中，产品认证是指具有独立性、专业性、权威性的第三方机构依据特定标准和规范，按照一定的程序对特定产品是否满足规定要求而给出书面证明的活动。

表3-1　常见的认证分类

分类标志	具体类型	
认证对象和适用的标准	产品认证	产品质量认证
		产品安全认证
	管理体系认证	质量管理体系认证
		环境管理体系认证
		健康安全管理体系认证
认证的性质	强制性认证	
	自愿性认证	
认证的范围	国家认证	
	区域认证	
	国际认证	
认证标志	合格标志认证	
	安全标志认证	

2. 供应链上的质量管理

20世纪工业化社会的生产方式最主要的特征就是大量生产以及与其相关联的比较稳定的市场环境。显然，在相对稳定的市场环境下，组织只要能够做好内部质量管理工作，通常就能保证控制某部分市场，在一定程度上保持竞争力。因而传统的质量管理，包括全面质量管理都是在这样的环境下实施的。而21世纪信息化时代，在经济全球化的现实中，组织及其所依附的市场环境越来越不稳定，与外部供应商、顾客及其他相关方在信息、物质方面的交流越来越频繁而复杂，外部竞争与冲击使传统的面向组织内部的质量管理战略和工具受到挑战，在这种环境下，供应链上的质量管理逐渐被人们所关注。

（1）定义

一般意义上的供应链指的是围绕核心企业，通过对工作流、信息流、物料流、资金流的协调与控制，从采购原材料开始，到制成中间产品以及最终产品，最后由销售网络把产品送到消费者手中的将供应商、制造商、分销商、零售商，直到最终用户连成一个整体的功能网链结构模式，它代表了产品从生产到消费的全过程。而到目前为止，对供应链质量管理（SCQM）还没有一个统一的定义。Kuei 和 Madu 用三个等式定义 SCQM，其中 SC＝一个生产–分销网络，Q＝准确、快速地提供令客户满意的产品并使自身获利，M＝保证供应链中的产品质量以及获得客户信任的条件。Foster 则将 SCQM 定义为一种基于系统的方法，通过联系供应商和顾客，利用上下游创造的机会来改进绩效。虽然现有定义的角度不同，但都包含了以下内涵：第一，供应链成员除了面对直接顾客，还要共同面对最终顾客；第二，供应链成员的最终目标是改进绩效和使顾客满意；第三，供应链成员通过流程整合和协同的方式来实现上述目标。

（2）当前研究简介

对供应链质量管理的研究尚处于初级阶段，还未能提供较为系统全面的质量控制与协调方法以及具体的实施工具。现存的研究主要集中在两个方面：第一，供应链上各企业质量管理活动和相关决策之间的合理协调；第二，核心企业对其他企业质量管理活动和相关决策的有效控制。

与只优化供应链上某个单一的连接（节点）相比，同时优化供应链上所有连接（节点）的行为将使整个供应链的整体绩效更为增强，供应链上所有连接（节点）的共同整合/协同对于供应链的整体竞争力非常重要。供应链节点企业分别承担不同的质量职能，不同企业在协同条件下实现产品质量的改进有助于提升整个供应链的竞争力。Romano 和 Vinelli 将传统的买卖关系和协调的买卖关系进行了比较，发现在协调的买卖关系下，整个供应网络通过联合定义和共同管理质量实践和流程，有助于改善满足最终顾客质量需求的能力。供应链的概念扩展了组织边界，强调将传统的组织内过程转变为包括顾客和供应商在内的系统性过程。因此，在当今市场环境下，要想获得卓越的质量不能只依靠企业内部资源，必须从传统的基于产品的观念转变为供应链环境下基于过程（流程）的观念。通过对过程的管理不仅能改善质量，还能促进业务创新和创造新的市场机会。Beamon 和 Ware 提出了改进过程质量的模型，并将其分为两类：初始化模型和持续改进模型。其中初始化模型包括：明确需要操作的流程、技术和任务；明确顾客和他们的需求、期望和感受；定义和过程相关的质量。持续改进模型包括：明确质量绩效的测量方法；评价目前的过程并设定质量标准；改进过程；控制和监测。通过这些模型实现对过程的鉴定、测量、控制和改进，并以此在供应商伙伴之间建立联系的桥梁。尽管理论界和企业界普遍认为供应链协同管理和过程管理在供应链管理中占有举足轻重的地位，但却一直是供应链管理的薄弱环节。主要的瓶颈有以下几个方面：供应链主体利益的矛盾性、信息孤岛的普遍性、供应链环节的不确定性、与现实相悖的思维误区等。

核心企业对其他企业质量管理活动和相关决策有效控制领域的研究，主要集中在供应商质量管理方面。蒲国利等人将对供应商的质量管理分为双方非合作与合作两种不同情境。非合作情境下的研究主要集中在双方质量控制与协调策略选择和基于产品质量的合同设计两个方面。合作情境下，双方将通过谈判的形式以实现自身的利益最优化，核心问题是供应链整体利润的合理分配。温德成等人从契约订立、产品验证、不合格品的界定与质量责任划分、供应商业绩评定与动态管理等过程，以及产品形成阶段（产品研发阶段、试制阶段、批量生产阶段）的视角对供应商的质量控制进行了探讨。

3. 流通领域的商品质量管理

商业流通领域指的是商品生产后，从生产环节进入消费环节的全过程，包括商品的仓储、运输、销售等。这里的销售包括服务领域商品的提供和使用。即商品只要完成了制造、加工等生产过程，就进入了流通领域，直至该商品达到最终的消费者或使用者。因此商业流通领域可被划分为批发、零售和物流，而其中零售是整个商品流通过程的最终环节，它直接联系最终消费者，是社会生产和流通活动的最终目的所在。

从概念上看，零售是将产品和服务出售给消费者，供其个人或家庭使用，从而增加产品和服务价值的一种商业活动。零售商是将产品和服务出售给消费者供其个人使用的一种商业企业，是连接制造商和消费者分销渠道中的最终业务环节。零售商的主要活动，包括提供各种商品和服务组合、分装商品、保存商品、卖场销售活动、提供服务。因此，零售商提供给顾客的是具有一组利益和效用的商品和服务的混合产品包，商品价值和服务价值共同创造了顾客价值。由于产出物中商品和服务同等重要，因此在管理上既要注重抽象的服务管理，也要注重实物管理（即商品管理）。但大量的学术研究成果集中在零售服务管理领域，对于商品管理的研究则集中在品类管理和库存管理方面。有关商品质量管理的系统研究凤毛麟角。罗伯特等人认为，由于大部分零售商并不从事生产，他们销售的产品都是从生产商或批发商那里采购的，因此当谈到商品安全和产品质量时，零售商会处于一个非常尴尬的境地。一个比较好的控制商品质量的方法是选择信誉可靠的供应商。

3.1.2　网购商品质量管控的定义

通过以上理论梳理，产品质量管理理论的研究对象通常是某单个组织或以单个组织为核心的供应链。本书的研究主题未使用"质量管理"，而是将研究对象界定为网络购物商品"质量管控"，主要缘于以下原因：第一，网购商品质量的管控不是某单个组织可以完成的，而是在一个系统中，多个不同层次的管控主体（包括政府、网络购物平台、卖方等）互相作用、共同影响的结果；第二，由于网络购物市场的特殊性，在网络购物市场中，存在信息与实物相分离、商品与售卖网站相分离、交易者在物理空间上相分离、付款与商品交付相分离的现象，因而存在更为严重的信息不对称和商品质量的不确定性。在这种情境下，网络购物商品质量管控的目的不仅要致力于商品质量的保证和改进，而且还要降低商品质量的不确定性。

法约尔认为控制是一种重要的管理职能，是"检查所进行的一切活动是否符合指定的计划、发出的指示和既定的原则"。控制作为法约尔的五个管理要素之一，对计划、组织、指挥、协调等另外四个要素起到了综合的作用。控制职能适应组织分工和大规模标准化生产的需要，这在福特公司T型车生产流水线上得到了充分的体现，自那以后，管理控制观念得以普及。20世纪60年代以后有关管理控制的研究进入了系统化阶段，学者们借鉴控制论的研究成果，将管理控制视为反馈控制系统。Anthony等人比较了管理控制与反馈控制的异同，将管理控制定义为管理者富有效率（effectively）和效益（efficiently）地获取和使用资源，影响组织中其他成员以实现组织战略的过程。在战略规划中计划过程更为重要，而在管理控制中计划和控制同等重要。

因此，本研究中借用Anthony对管理控制的定义，并将边界扩展，不只局限于某个组织，形成网络购物商品质量管控的定义：管控主体（包括政府、网络购物平台、卖方等）富有效率和效益地获取和使用资源，对网络购物市场上流通的商品及其相关信息展开管理控制，目的是持续提升商品质量、降低商品质量的不确定性。

3.1.3　与传统零售相比商品质量管控的主要差异

网络购物改变了传统的商品流通模式（见图3-1），传统模式是以商流、物流和资金流为主导，信息活动只承担辅助、管理性的工作。产品生产制造出来后进入流通领域，经批发商（中间商）再到零售商，最后由零售商卖给消费者，进入消费领域，是一条逻辑化的链条。

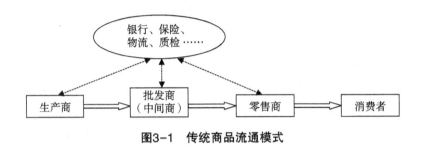

图3-1　传统商品流通模式

而在电子商务环境下，在网络购物中，信息流成为贯穿商品流通始终的、不可或缺的元素，买卖双方在互联网虚拟环境中借助各类中介服务机构完成商品交易过程，卖方可能是生产商、批发商或者零售商。其商品流通模式如图3-2所示。

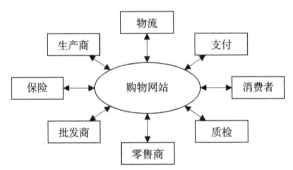

图3-2　网络购物环境下商品流通模式

因此，互联网弯曲、重构了原来的商品流通链条，使之逐渐呈现出一种环状结构。在此过程中，诸多产业的商业模式、企业与企业之间及企业与消费者之间的相互关系、传统中介服务方式等都发生了翻天覆地的变化。

下面探讨在网络购物和传统购物两种情景下商品质量管控的主要差异所在。

首先，在传统零售店铺中，消费者进入店铺面对面地与卖方交流产品有关信息，可以直接接触到产品，通过视觉、触觉、味觉、嗅觉、听觉等感官感受产品，获得产品的内部线索（大小、形状、味道等）和外部线索（价格、品牌名称、包装、颜色等），借此提炼出有关信息形成对商品质量的感知。而在网络购物中，消费者与卖方和商品在物理空间上的隔离使得直接获取商品内外部线索的难度大大加强。此种客观情况要求网络购物平台等相关方积极创建利于信息生成和传播的环境，将卖方和商品信息及时、快速、有效地传递到消费者面前，消除信息不对称，促成交易达成。

其次，在传统零售方式下，卖方租用卖场（即销售平台）的物理空间出售商品，通常卖方和卖场在同一个地域，卖场方便对卖方展开管理（根据准入条件签订租用合同、商品抽查等）。互联网极大地扩展了商业地域，网络购物平台所网罗的卖方来自不同城市甚至不同国家，二者在物理空间上的分离也给传统的商品质量监管方式带来了巨大的改变，如何远程审核卖方资质、展开商品质量抽查并实现对违规行为进行处罚是网络购物平台需要面对和解决的问题。同时，跨地域的、电子化的商品交易和流通也给有关法规政策的制定和完善带来了挑战，尤其是在网络购物如火如荼但基础商业环境和政策较为滞后的我国更是如此。

最后，在传统零售情境下，消费者付款即代表着商品交付的同时完成，大部分情况下商店无须为顾客送货上门。而在网络购物中，付款与商品交付也是相分离的，消费者付款后仍然无法立刻"看到"并检查商品，商品还须经物流公司的配送才能送达消费者手中，传统的物流配送向消费末端延伸。因此，物流配送环节的商品质量管控也是网络购物情境下的新课题。

综合以上差异，在传统零售中，由于消费者能够直接接触商品获取内外部线索，从而形成对商品质量的感知，因此，对商品质量的管控主要由卖方完成，卖方为满足消费者需求而提升商品质量，同时，卖场也通过设定卖方准入条件、商品质量抽检等措施避免卖方的隐匿信息和隐匿行动，降低商品质量不确定性。而在网络购物情境下，商品质量管控主体的重要程度发生了变化——由于消费者和卖方以及商品在物理空间上的隔离状态，使得网络购物平台这一购物中介的商品质量管控地位大大增强了，它不仅为买卖双方搭建了一个购物交易平台，而且担负着传递双方交易信息的重要职能，通过搭建卖方和商品信息模板、构建在线信誉反馈系统、建立论坛以及即时通信工具等交流渠道的方式向消费者传递商品质量信息；同时，网络购物平台借鉴传统零售中卖场设定准入条件、商品质量抽检等机制，创新性地通过远程展开以上活动，并将准入和抽检结果等信息传递给消费者；网络购物平台还要控制物流环节商品的安全性和完整性，保证商品安全、完整、可靠地送达消费者手中。上述都是网络购物平台为降低商品质量不确定性而采取的机制和举措。而与传统零售市场一样，卖方仍然承担着提升商品质量的职责，而且由于物理空间上的隔离，还要配合网络购物平台将自身和商品信息快速、有效地传递给消费者。除此之外，由于网络购物市场的高速发展，我国相关的政策法规较为滞后，因此政府监管机构在社会信用体系和电子交易商业环境的优化、对电子交易过程中的市场活动的限制和约束方面均需制定和完善政策，并进行有效监督。

3.2 商品质量三级管控体系模型

3.2.1 模型概述

如前文所述，网络购物商品质量的管控可总结为两个方面：一方面是要降低商品质量不确定性；另一方面是要提升商品质量。其中，提升商品质量是卖方为了在激烈的竞争中获胜所必须要承担起的责任，而在缓解网络购物商品质量不确定性方面，政府监管机构、网络购物平台、卖方各负其责，他们所制定的政策、制度和所采取的措施有助于降低商品质量不确定性，促进网络购物的顺利达成。

因此，本书认为网络购物商品质量的管控是由包括政府监管机构、网络购物平台、卖方在内的三级管控体系完成的，基于此，本书构建了全主体、全过程、全面的网购商品质量三级管控体系模型（见图3-3）。其中，"全主体"是指商品质量管控主体包括政府监管机构、网络购物平台和卖方，由于网络购物平台还集成、影响了质检机构、物流配送机构等其他主体的管控职能，因而是涉及网络购物生态系统中的所有相关主体；"全过程"指的是商品质量管控横跨网络购物八个交易子过程——商品与市场准备、展示、沟通、谈判、签约、付款、送货和售后服务；"全面"指的是所管控的对象覆盖全面，由于网络购物远程、虚拟化的交易特点，不仅对商品质量进行直接管控，而且对质量信息的传递加以管控，从而达到有效缓解质量信息不确定性的目的。

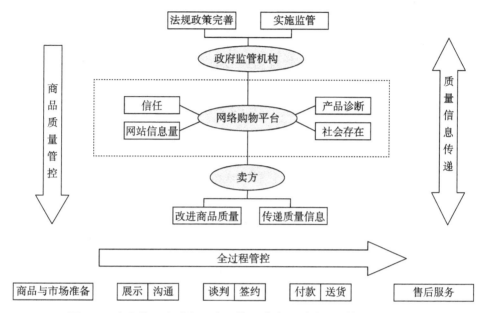

图3-3　全主体、全过程、全面的网购商品质量三级管控体系模型

3.2.2　覆盖全过程的商品质量管控

如前所述，现代质量管理理论中突出强调控制影响目标的过程因素的重要性，从对组织目标控制转向对组织实现目标的过程控制，即应用过程方法，从控制结果到控制过程。前文回顾了质量管理的发展历史，可以清楚地看到，质量的概念在不断拓展和深化，内涵和外延都不断扩大，边界从组织内部扩展至供应链上，甚至商业系统中。网络购物中商品质量管控不局限于一个组织内部，可以看作供应链链条上的，也可以看作网状系统中多相关方、多层次的一种行为。而综合组织内和供应链上的质量管理研究，本书发现，过程方法在两种情境下都是适用的，因此，下面将使用过程方法，从网络购物交易的八个子过程（商品与市场准备、展示、沟通、谈判、签约、付款、送货和售后服务）梳理各相关方的商品质量管控机制和措施。

1. 网络购物交易过程划分

商务链是将商务和交易活动进行联系与划分并使之有序化的逻辑链条，将商务交易活动高度抽象地表现为代表一定经济事务的不同节点，这些节点通过有效串联形成一个商务链。交易链就是狭义的商务链，是整个商务链的核心所在，ISO 10008 标准条款中将 B2C 电子商务"交易"过程识别为交易前、交易时、交易后三个阶段，而广义的商务链还包括商品与市场的准备以及售后服务。李琪和张仙锋在传统商务活动四流（信息流、商流、资金流和物流）的基础上引入了人员流和信用流，并结合商务链和交易链的概念，搭建了电子商务的商务链概念模型（见图 3-4）。

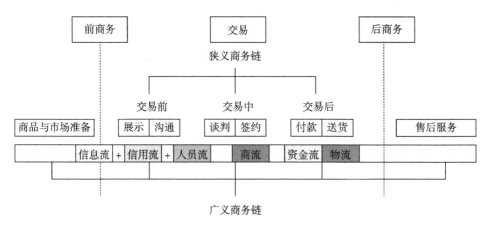

图3-4　电子商务的商务链概念模型

图 3-4 所示的概念模型同样适用于网络购物。该模型将整个购物过程划分为前商务、交易和后商务三个阶段，其中又包括八个子过程：商品与市场准备、展示、沟通、谈判、签约、付款、送货和售后服务。商品与市场准备子过程被归到前商务环节，展示、沟通、谈判、签约、付款、送货被归到交易环节，售后服务属于后商务环节。

具体来说，商品与市场准备子过程主要包括为交易而进行的调查、熟悉市场交易环境，调整市场交易主体，制定、执行、监督市场交易规则等活动。展示子过程包括卖方或买方对其销售商品或所需商品的用途、特性、优势、价格及相关信息的介绍、说明、发布等活动。沟通子过程中的"沟通"是其狭义概念，此处尤指网络化的商务沟通，特指买卖双方或多方在交易达成之前，就商品价格、质量及优势等信息的交流和咨询等活动。谈判子过程指的是围绕商品的价格、质量、交易方式等为主要内容的双边或多边磋商、洽谈，谈判的最终目的是交易的达成，即实现签约。同样地，此处更强调网络化交易谈判。签约子过程指买卖双方或多方就商品交易而正式达成的口头、书面及电子合同等，同时，通过电子网络签约并传递、处理和保存合约。支付子过程指买方向卖方按合约交付与交易商品或服务有关的一切费用，支付可有多种方式，可以基于交易主体一手交钱一手交货，也可以基于第三方通过银行进行转账，可以基于传统媒介，也可以通过互联网进行在线支付甚至移动支付。送货子过程指卖方自身直接或通过第三方配送机构向买方配送商品物品或实施服务的过程，该过程完成了物流配送，实现了商品使用权的转移。售后服务子过程指交易完成后的咨询、维护、保养等一系列相关活动，在网络环境下，售后服务可以是多种形式的，除了传统的开通服务热线、发放调查表、定期进行邮件联络等方式外，还包括网上论坛、即时通信工具等服务。

2. 各子过程的商品质量管控

在网络购物生态系统中，无论是买方还是卖方个体与第三方服务机构之间都不具有对等的议价能力，而网络购物平台与第三方服务机构是互利共生的关系，因此，网络购物平台集成物流、质量保证和检验、支付、保险等机构，共同向买卖双方提供交易服务，其中也包括共同实现缓解商品质量不确定性的功能。也就是说，第三方服务机构缓解商品质量不确定性的职能是通过网络购物平台的集成及其相关机制而实现的，如网络购物平台通过选择信誉良好的质量检验机构合作来保证商品质量检验的可靠性，选择信誉良好的物流配送机构合作以保证商品安全、完整、可靠地送达消费者。因此，由于网络购物平台的集成服务功能，本书以网络购物平台、政府监管机构、卖方三个主体探讨网络购物交易全过程的商品质量管控措施，实际上就是覆盖网络购物所有相关主体的。

根据前文介绍的网络购物的八个子过程，下面具体分析在每个过程中各管控主体的商品质量管控机制及措施（见图 3-5）。

（1）商品与市场准备阶段

在这个阶段，网络购物平台设定卖方准入标准（如保证金缴纳标准、资质水平等）；引入第三方质量检验及认证机构或自行承担检验及认证职能对卖方及其商品展开认证和检验；创建在线信任机制（如在线信誉反馈系统、在线商盟）以利于远程交易。政府监管机构则应致力于社会信用体系的建设，优化网络购物市场商业环境；完善卖方准入、商品质量检验等方面的政策法规，并对其实施情况进行监管。卖方则须优化上游供应链，从源头上保证商品质量；内部展开全面质量管理，持续改进商品质量；并积极进行商品质量检验以及商品、体系认证工作。

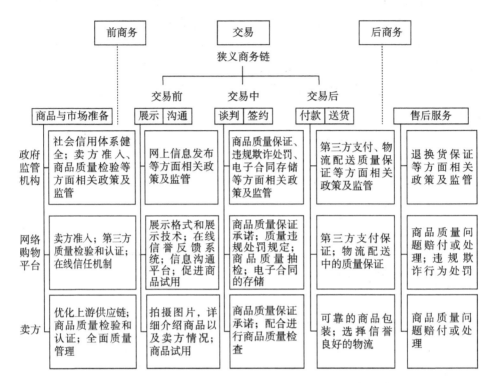

图3-5 网络购物各阶段三个管控主体的商品质量管控措施

（2）交易前展示与沟通阶段

在这个阶段，网络购物平台规定卖方及商品展示格式，提高图片展示技术，帮助卖方详细、生动、无遗漏地展示商品；卖方及商品搜索更加精准，能够帮助买方快速找到质量优良的卖方及其商品；所构建的在线信誉反馈收集、合计卖方及商品交易信誉情况供买方查询；搭建社区论坛、即时通信工具等多途径沟通方式方便买卖双方沟通；借鉴传统零售业的做法，推进商品试用活动的展开，方便买方进一步获取商品内外部线索。政府监管机构主要完善网上信息发布等方面的政策法规，并对实施情况进行监管。买方则拍摄并上传商品图片，尽可能详细地展示商品品牌、价格、性能、检验认证情况等各方面细节信息，并积极与买方沟通促进这些信息的完全传递，以便买方根据这些资料分离出质量信息；配合网络购物平台或自行展开商品试用活动。

（3）交易中谈判与签约阶段

在这一阶段，网络购物平台制定各种商品质量保证承诺（如"7天无理由退换货""先行赔付""假一赔三"等），降低买方由于远程购物而必然导致的对商品质量的不确定性感知，促进交易达成；制定对卖方违规欺诈行为的处罚规定，并将其作为电子合同的条款之一；在交易过程中对卖方商品进行定期或不定期的抽检；此外，网络购物平台储存电子合同作为售后商品质量纠纷处理的重要依据。政府监管机构完善网络购物中的商品质量保证、违规欺诈处罚、电子合同签订等方面的政策法规，并对实施情况进行监管。卖方遵守或加入网络购物平台的商品质量承诺，或自行制定更高的承诺，并将其作为电子合同的一部分认真履行。

（4）交易后付款与送货阶段

在这一阶段，网络购物平台通过第三方支付或货到付款作为一种商品质量保障，第三方支付可在一定程度上通过第三方的支付担保作为商品质量的担保，而货到付款的方式则更便于买方在支付之前确认商品质量；引入信誉良好的物流配送机构或自建物流的方式，保证商品在物流配送过程中的安全性和完整性。政府监管机构完善有关第三方支付、物流配送质量保证等方面的政策法规，并对实施情况进行监管。卖方为了保证物流配送过程中商品的完整性和安全性，也需要选择声誉良好的物流机构合作，并加强对商品的保护性包装，避免配送过程中因碰撞而造成的破坏。

（5）售后服务阶段

在该阶段中，网络购物平台根据电子合同及承诺进行商品质量问题的赔付或处理；对卖方商品质量违规欺诈行为进行处罚。政府监管机构则制定诸如退换货、网络购物违规欺诈行为处罚等方面的政策法规，并对网络购物平台和卖方的行为进行监管。卖方则根据合同规定以及承诺，对发生质量问题的商品进行赔付或处理。

3.2.3　三级管控主体的职能及当前的管控情况

在图3-3的三级管控体系模型中，三个管控主体相互依存、相互影响，各自承担着不同的职责。政府监管机构主要通过法律法规、标准的制（修）定，及对各相关方实施的监管，实现有效的管控；网络购物平台在国家和地方法规的基础上制定规则，并创新性地应用技术等手段降低商品质量的不确定性；卖方则须依据政府监管机构和网络购物平台的要求，传递商品质量信息，并致力于商品品质的提升活动。下面，分别探讨三个管控主体的职能及管控情况。

1. 网络购物平台

网络购物平台在三级管控体系中发挥着最为重要的作用，它上承政府监管机构的政策法规，将其设计到平台的质量管控机制中，下启卖方缓解商品质量不确定性和提升商品质量的活动，对其进行管控和指导，是商品质量三级管控体系得以顺利运行的关键所在。因此，本书第 4 章到第 8 章主要探讨网购平台的商品质量管控。

Pavlou 认为在线交易的不确定性包括两个方面：一是与卖方有关的质量不确定性（卖方隐藏其真实的属性，做出虚假承诺或有欺诈行为）；二是产品质量的不确定性（产品总体情况并非如卖方承诺的那样，或商品质量低下）。并提出从四个维度上可以降低以上质量不确定性（见图 3-3），它们分别是信任（trust）、网站信息量（website informativeness）、产品诊断（product diagnosticity）和社会存在（social presence），其中信任因素是在线交易（包括网络购物）中研究最多的因素之一。网站信息量指的是买方感知的网站所提供的丰富且有帮助的信息，它能够帮助买方了解到更多有关卖方和产品的信息。产品诊断指的是买方感知到网站全面评价产品的能力。而社会存在指的是买方感知到网站有效传递卖方是真实的社会存在的能力，以克服网络环境所固有的时空分离的情况。本书将在第 4 章针对以上四个维度及其子指标展开详细梳理，以下重点论证网络购物平台在商品质量三级管控体系中的核心管控地位。

（1）网络购物平台核心管控主体地位

传统购物消费中所涉及的行为主体非常明确，就是买卖双方，双方通过面对面的交易完成资金和实物的交换，因此，卖方毫无疑问地承担着商品质量管控责任。

电子商务催生了以小前端、大平台、富生态为特征的商业格局。一个成功的平台并非仅提供简单的渠道或中介服务，平台商业模式的精髓在于打造一个完善的、具有成长潜能的"生态圈"。在现阶段我国的网络购物生态系统中，网络购物平台作为生态系统中的领导种群，弯曲、打碎了既有的产业链，已经初步建立起"平台生态圈"，除了买方和卖方种群之外，还吸纳了支付、物流、保险、第三方质检和保证等支持种群参与其中，行为主体呈现出多元化、复杂化的特点，而行为主体的多元化和复杂化容易导致责任主体悬置，出现谁都有责任但谁都不负责任的情况，从而导致市场效率降低甚至失效。网络购物平台作为电子商务生态系统的核心企业，对生态系统资源整合和成员协调，乃至商业生态系统的持续健康发展起到了不可替代的作用。同样地，在商品质量管控方面也担负着商品质量管控的核心主体责任，具体原因如下。

1）商业模式的要求。

网络购物突破了空间、时间的限制，使得买方在与卖方和商品均缺乏物理接触的情况下，实现远距离购物，正是网络购物网站创造了这一新兴的商业模式，通过网络购物网站的设计和整合，信息流、资金流和物流在虚拟和现实空间中交错流转，使买卖双方完成了在虚拟空间中的交易。随着网络购物十几年的高速发展，产品从最初的书籍已经扩展至服装、配饰、家居、日用百货等各种品类，支付、物流越来越便捷，消费者也从最初的猎奇到如今成为其日常购物的另一个渠道，相应地，对商品质量的要求也越来越高。但根据"柠檬"市场理论，在质量信息严重不对称的网络购物市场中，更容易出现低质量商品驱逐高质量商品的情况，在这个市场中，由于买卖双方在物理空间上是分离的，市场上质量信息不对称的现象无法由交易双方解决，因而为了保证该商业模式的正常运行、可持续发展，并实现自身的收益，网络购物网站必须承担起传递商品质量信息、惩戒质量欺诈等商品质量管控责任。

在网络购物中，存在众多的影响商品质量的相关方及因素，如物流的安全性、政府的立法情况、第三方质检的可信赖性等，但这些相关方的行为都是通过网络购物网站的执行或与网络购物网站合作才得以完成的，如政府的有关法规政策需要落实到网络购物网站的举措中，在与物流公司、第三方质检等机构的合作中，也需要网络购物网站制定适宜的合作规范来保证商品质量。因此，作为网络购物生态系统中的领导种群，网购商品质量管控的主体责任毫无疑问地落在了网络购物平台的身上。

2）政策法规的要求。

我国关于网络购物（电子商务）的法规政策从交易准入、交易监管、信用评估服务方面规定了网络购物网站在商品质量监管方面的责任。2010年7月1日正式实施的国家工商总局发布的《网络商品交易及有关服务行为管理暂行办法》（以下简称《暂行办法》）赋予了平台经营者对用户（买卖双方）及其经营行为的管理责任和义务，如第二十条"提供网络交易平台服务的经营者应当对申请通过网络交易平台提供商品或者服务的法人、其他经济组织或者自然人的经营主体身份进行审查",从交易准入方面使网络购物网站能从源头上控制商品质量。第二十一条"提供网络交易平台服务的经营者应当与申请进入网络交易平台进行交易的经营者签订合同(协议),明确双方在……商品和服务质量安全保障、消费者权益保护等方面的权利、义务和责任",这条规定明确了网络购物网站在制定交易规则以保证商品和服务的质量方面的责任。第二十七条"鼓励提供网络交易平台服务的经营者为交易当事人提供公平、公正的信用评估服务,对经营者的信用情况客观、公正地进行采集与记录,建立信用评价体系、信用披露制度以警示交易风险",该条规定鼓励网络购物网站通过信用评估为消费者提供商品质量参考,避免低质量商品驱逐高质量商品的"逆向选择"。《暂行办法》还规定,网络购物网站"应当审查、记录、保存在其平台上发布的网络商品交易及有关服务信息内容及其发布时间",协助消费者维护合法权益,协助工商行政管理部门查处假冒伪劣商品和网购中的欺诈行为。

3)市场环境的要求。

与美国等发达的市场经济环境相比,我国社会信用机制不完善,美国则拥有一套非常成熟的信用体系,交易者在网络购物中的不良记录会影响其网下的信誉,网上交易与网下交易形成了一个关联博弈,网下的惩罚机制加强了网上交易的惩罚力度,降低了交易者的违约诱惑,因此网络购物平台在网购商品质量监管方面的职责并不突出。而我国网络购物中买卖双方缺乏社会信用机制的制约,卖方销售假冒伪劣商品的行为并未与其个人或公司的信用记录联系起来,售卖假冒伪劣商品的问题更为突出,因此需要买卖交易双方之外的网络购物网站承担起建立并维护交易者在线信用记录的责任。

(2)我国网络购物平台的管控措施

鉴于网络购物平台的核心管控地位,本书将在后文重点揭示它的商品质量管控机制、措施及其演进情况。淘宝网作为我国规模最大的网络购物平台,大部分商品质量管控措施从施行时间、展开程度、创新性上都位于业内前列。因此,表3-2仅以淘宝网为例,展示它使用过或正在使用的一部分商品质量管控措施。

表3-2　淘宝网使用的商品质量管控措施

管控机制名称	具体管控措施
信誉反馈系统—量化分数	"与描述相符程度""近30天因商品质量的退款次数"的打分从不同侧面反映了淘宝各个店铺总体的以及近30天的商品质量
信誉反馈系统—文字评论	"累计评价"中可按重点关键词（如"质量"）分类展示评价信息
在线商盟	行业商盟和区域商盟
合作机构声誉	选择声誉较好的物流配送、质量认证和检验等合作机构
展示格式	"商品详情"中根据不同品类规范"产品参数"的填写格式
展示技术	鼠标在商品图片上滑过时显示放大的细节图，买方可近似360°地观察商品
搜索技术	商品搜索可按信用得分排序
信息沟通平台	阿里旺旺、论坛
第三方质量检验	已覆盖服装/鞋、床上用品、五金/工具、玩具等多个品类；售前，卖方出具第三方质量检测机构所出具的检测报告供买方参考，售后买卖双方如有纠纷，也可对存在纠纷的商品进行质量检验，其质检报告作为裁决纠纷的重要依据
平台质量抽检	"神秘买家"抽检制度，由淘宝内部员工或招募的买方志愿者购买疑似存在问题的卖方的商品，将买回的商品交给第三方质检机构鉴定，并对抽检结果进行公告和处理
产品试用	产品试用中心，招募买方试用卖方产品，并发布试用体验报告，给买方提供商品质量参考
违规欺诈的惩罚	根据违规行为的轻重采取警告、限制发布商品、商品下架、商品搜索降权、支付违约金关闭店铺等惩罚措施
卖方准入	个人卖方必须进行身份证实名认证，并提交真实的个人照片。对商户的准入条件更严格，要求缴纳保证金、出具第三方质量检测报告等。一些频道如"中国质造""天猫品牌"等还须验厂
质量保证和承诺	7天无理由退换货、消费者保障承诺、先行赔付、假一赔三等
交易记录	交易记录永久保存，作为纠纷处理、违规处罚的依据
第三方支付	支付宝担保支付
物流配送	向卖方推荐信誉良好的物流服务公司

2. 政府监管机构

政府监管是在市场机制、法庭诉讼、国家所有制、行业自律等不能有效解决市场失灵问题的情况下产生的一种政府控制方式。因此，市场失灵为政府监管提供了正当性前提。孙斯坦认为，自由放任这个概念本身就是对自由市场的真正要求和内涵的一种奇怪、错误的描述。自由市场的存在依赖于其在法律上的存在。亚当·斯密的"看不见的手"依赖于管制市场交换的法律这一"看得见的手"。Akerlof 也认为在"柠檬"市场中，社会收益和个体收益是不同的，因此在很多情况下，政府干预有利于各参与方收益的增加。近年来，世界各国二手车交易并未像 Akerlof 分析的那样日趋萎缩，而是呈现日趋火爆的趋势，出现这种情况的原因除了中介参与外，政府对制度和法规的完善也是重要原因之一。例如，美国很多州都通过了关于"旧车"的立法。

相对于我国来说，美国等市场经济较为发达的国家，早已建成的、完善的法律体系使其在电子商务的政府监管方面采取了更加宽松、市场导向型的态度，政府参与电子商务的目的是支持和实施可预测的、最小化的、持续性的和简单的商务法律环境。美国目前的法律专门针对电子商务环境下消费者保护的规定不多，主要依靠联邦贸易会将传统的法律适用于网络管理。尽管如此，在美国电子商务政策的基本原则中仍然认为，政府有责任防止网络欺诈等不法行为的发生，尤其是在普遍存在企业群体性败德行为的市场上，内嵌多元平衡激励机制的官民协同体制是假冒伪劣问题的长效治理之道。在一些发展中国家和新兴市场国家，其中以新加坡为代表，政府对电子商务进行了较多的管理和干预。

具体来说，在网络购物生态系统中，政府监管职能指的是，政府要监督管理各参与方（种群）的不合理行为，尤其是网络欺诈、网上信息泄露等行为，净化电子交易市场，保证网络正效益实现。而政府进行质量监管的主要工作包括法律法规、标准的制（修）定和对实施的监管。具体手段有宏观调控和微观监管两种，宏观调控是指政府运用宏观政策对经济活动进行调节和控制，微观监管是指政府借助立法赋予的公权力，对市场主体及其市场活动进行直接限制和约束的行为。因此，针对网络购物中的商品质量监管，政府的宏观调控和微观监管包括：

1）宏观调控，政府将社会环境和经济环境向更加有利于网络购物的方向推动。如加大力度推进社会信用体系建设，与网络购物在线信誉系统形成有效关联，相互促进；加强交通运输、金融管理等领域的规范和创新，从而进一步优化网络购物的物流配送、在线支付的大环境。

2）微观监管，政府通过制定政策法规和日常监管对网络购物平台、卖方等其他相关方在整个电子交易过程中的市场活动进行直接限制和约束。如对卖方准入条件做出统一规定，便于买方了解卖方的性质、地区等信息；制定商品质量检验政策及细则，对商品进行抽检并及时公布抽检结果；等等。

下面主要从网购商品质量管控相关政策法规、宏观社会信用体系建设、微观监管三个方面，探讨我国政府在网络购物方面的监管措施及存在的问题。

（1）相关政策法规

在质量法律监督方面，世界各国都有比较完善的法律，主要是产品责任法，如美国的《统一产品责任示范法》、欧盟的《产品责任指令》等。我国涉及产品质量的法律法规主要包括三个方面：第一，产品质量的基本法，如《产品质量法》（1993 年）；第二，产品质量涉及的专门法律，如《标准化法》（1988 年）、《计量法》（1987 年）等；第三，有关产品质量的综合性法律，如《消费者权益保护法》（1993 年）、《反不正当竞争法》（1993 年）等。上述法规政策及其修订均适用于网络购物环境下。

除此之外，与网络购物商品质量管控有关的全国性的法规政策还包括《广告法》（1994 年）、《电子签名法》（2004 年）、《关于加快电子商务发展的若干意见》（2005）、《电子商务模式规范》（2008 年）、《网络购物服务规范》（2008 年）、《网络商品交易及有关服务行为管理暂行办法》（2010 年）、《第三方电子商务交易平台服务规范》（2011 年）、《"十二五"电子商务信用体系建设指导意见》（2011 年）、《关于促进快递服务与网络零售协同发展的指导意见》（2012 年）、《网络交易管理办法》（2014 年）、《流通领域商品质量抽查检验办法》（2014 年）等。另外，还有省市出台的相关政策，如浙江省的《电子商务追溯体系建设实施方案》、深圳市的《电子商务可信交易环境建设促进若干规定》、北京市的《加强电子商务监督管理的意见》、上海市的《促进第三方支付产业发展的若干意见》等。

从宏观调控方面来说，推动信用体系建设和完善无疑是政府监管机构商品质量管控工作的重点和难点。2005 年由国务院办公厅发布的《关于加快电子商务发展的若干意见》中就提出加快信用体系建设，2010 年国家工商总局在《网络商品交易及有关服务行为管理暂行办法》中要求工商行政管理部门建立信用档案，对平台和卖方实施分类信用监管，在其他相关法规中也有类似措辞和规定。而在第三方担保支付、物流服务监督与协调等方面，政策则逐渐趋于完善，如针对物流配送环节的签收环节，2012年由国家邮政局和商务部共同发布的《关于促进快递服务与网络零售协同发展的指导意见》中提出："鼓励快递企业提供和开发符合网络零售需求的代收货款、保价快件、验货签收等增值服务，促进业务合作深化。"该规定有助于完善物流配送环境，保证商品质量。

在微观监管方面，政府监管机构在相关政策法规的建立健全方面渐趋完善，如2010年国家工商总局发布的《网络商品交易及有关服务行为管理暂行办法》中规定了网络购物平台、卖方和监督管理部门（县级以上工商行政管理部门）的责任和义务，它要求网络购物平台在交易准入、交易监管、信用评估服务方面承担起商品质量管控方面的责任；要求卖方守法经营，提供真实的身份信息，发布真实准确的商品交易信息，并按照承诺提供商品和服务；同时要求监督管理部门建立信用档案并实施信用分类监管，对违规行为采取惩罚措施。2014年1月国家工商总局又发布了《网络商品交易管理办法》，同时废止上述《网络商品交易及有关服务行为管理暂行办法》。

与法规政策的逐步完善相比，政府监管机构对管控政策执行情况的监管仍有待加强，如网络购物平台对违约欺诈行为的惩罚可能未按规定执行，而对此的政府监管并不及时，再如工商部门对商品质量的抽检还未有效展开。囿于政府监管机构的行政区划以及监管手段的创新性不足等问题所限，对于网络购物这种虚拟的、跨区域的商品质量监管工作，目前仍面临诸多难题。

（2）宏观社会信用体系建设

中美两国网络购物的大环境之不同在于美国拥有一套非常成熟的信用体系。美国政府通过立法和监管将信用体系纳入法律范畴，个人征信则以市场化运作为主。信用服务公司和信用局对消费者信用进行评估并提供个人信用服务。交易者在网上交易中的不良记录会影响其网下的信誉，网上交易与网下交易形成了一个关联博弈，网下的惩罚机制加强了网上交易的惩罚力度，因此降低了交易者的违约诱惑。

而在我国传统的小农经济、计划经济条件下，"诚实守信"仅作为一种美德被传颂，信用作为一种观念通过道德来约束，传统的以血缘、地缘为纽带的信用习俗适应少量、小规模的商品交换，却不适应大规模、全球化的商品交换。在计划经济向市场经济的转轨中，传统的信用文化和信用制度被打破，新的信用文化和信用制度又尚未建立起来，受到经济利益的驱动，失信者驱逐守信者，整个社会存在着企业及消费者信誉低下、不守承诺、不能严格履行合同的现象，而"虚拟"的网络经济又随之扑面而至，使得我国原本就不结实的信任体系和信任机制更加漂浮不定。在网络购物中，陌生人之间的、跨区域的交易具有更强的信息不确定性和更为严重的信息不对称，而信息不对称是造成市场失灵的重要原因之一。因此，针对我国社会信用方面所存在的问题，政府在建立以信任为核心元素的伦理文化环境、建立健全信用管理相关法规制度、推动信用信息共享和开放等方面都承担着不可推卸的责任。

近年来，针对信用管理体系所存在的问题，我国有关政府管理部门对此展开了许多有益的探索、研究和实践。2009 年，国务院法制办将《征信管理条例》列为一类立法项目，作为国务院征信业监督管理部门，中国人民银行积极配合国务院法制办汇总整理相关反馈意见，以尽快出台条例。在信用信息共享方面，由中国人民银行组织商业银行建立的全国统一的个人信用信息基础数据库和企业信用信息基础数据库逐步开始建立并不断完善，建立公共信用信息共享平台，以实现公共信用信息对社会的分级分类开发和共享。学术界的专家和学者也针对我国信用信息共享策略、共享模式和激励机理等展开了研究，但仍存在以下主要问题：信用管理相关法规制度不健全、社会信用数据分散、未联网且市场开放度低、信用管理行业的市场化程度较低、信用中介服务行业发展滞后、信用中介机构整体水平偏低。对于促进网络购物商品质量提升，其中最关键、最急需解决的是前两个问题，即信用管理法规制度的健全和信用数据的共享。信用管理相关法规制度的建立健全和实施有助于惩戒网络购物中的失信行为，个人和企业信用信息数据库的建立完善也将成为在线信誉反馈系统的有益补充，从而使买卖双方的信任意向增强，减少买方逆向选择和卖方欺诈行为的发生。

（3）微观监管

政府在市场准入监管方面，通过对卖方身份的确认作为商品质量的保证。日本法律规定 C2C 中的卖方需要完成网络购物网站要求的身份确认后方可展开交易行动，同时，网络购物网站有义务委托物流公司确认卖方身份是否真实。如果卖方出售特殊商品，日本有关法律对准入资格也进行了规定，如只有获得药品经营资格的药店才可以在网上出售药品。在韩国，当个人卖方销售额达到一定额度（半年销售额达 600 万韩元）时，应申请营业执照。

政府对交易中的违约欺诈行为的监管，通过加大惩戒力度惩罚不法卖方，从而使商品质量得到保证。日本公平交易委员会每年会在消费者、网络企业协会的工作人员中随机抽取 80 名调查人员开展网络巡查，当发现存在违约欺诈等不法行为时，由调查人员向公平交易委员会举报，并根据情节的严重程度由网络购物网站、政府部门或司法系统采取警告、关闭网页、取消交易资格等方式进行处罚。韩国也于 2002 年制定了《韩国电子商务消费者权益保护法》，秉承"网络商品交易中的消费者权益保护问题与网络商品市场的健康发展问题同样重要"的指导思想，详细规定了对违约欺诈等不法行为的惩罚措施。

我国政府在微观监管方面所依据的比较重要的法律法规是《网络商品交易管理办法》，这一法规于 2014 年 3 月 15 日正式实施。在该办法中，市场准入方面，规定："从事网络商品交易的自然人，应当通过第三方交易平台开展经营活动，并向第三方交易平台提交其姓名、地址、有效身份证明、有效联系方式等真实身份信息。具备登记注册条件的，依法办理工商登记。""第三方交易平台经营者应当对尚不具备工商登记注册条件、申请进入平台销售商品或者提供服务的自然人的真实身份信息进行审查和登记，建立登记档案并定期核实更新，核发证明个人身份信息真实合法的标记，加载在其从事经营活动的主页面醒目位置。"另外，对于特殊品类的产品，如药品，国家食品药品监督管理总局于 2017 年发布的《网络药品经营监督管理办法（征求意见稿）》中规定："网络药品销售者应当是取得药品生产、经营资质的药品生产、批发、零售连锁企业。其他企业、机构及个人不得从事网络药品销售。"

《网络商品交易管理办法》中还规定网络商品经营者销售商品，消费者有权自收到商品之日起七日内退货，且无须说明理由。鲜活易腐、定制等四类商品除外。此前，"七天无理由退换货"只是部分平台和部分商家面向消费者的质量保证和承诺手段。还规定了"消费者退货的商品应当完好。网络商品经营者应当自收到退回商品之日起七日内返还消费者支付的商品价款"。

在违约欺诈行为的监管方面，《网络商品交易管理办法》规定，"对于其中通过第三方交易平台开展经营活动的经营者，其违法行为由第三方交易平台经营者住所所在地县级以上工商行政管理部门管辖。第三方交易平台经营者住所所在地县级以上工商行政管理部门管辖异地违法行为人有困难的，可以将违法行为人的违法情况移交违法行为人所在地县级以上工商行政管理部门处理。两个以上工商行政管理部门因网络商品交易及有关服务违法行为的管辖权发生争议的，应当报请共同的上一级工商行政管理部门指定管辖。对于全国范围内有重大影响、严重侵害消费者权益、引发群体投诉或者案情复杂的网络商品交易及有关服务违法行为，由国家工商行政管理总局负责查处或者指定省级工商行政管理局负责查处。"但是在工商行政管理部门的执法中，过去常由于异地执法的不方便，其操作性和可执行性较差。

（4）政府监管存在的一些问题

1）监管组织机构带来的问题。

就我国政府监管机构的职能来说，与商品质量相关的部门包括质量监督检查检疫部门（以下简称质监部门）、工商行政管理部门（以下简称工商部门）、食品药品监督管理部门（以下简称食药监部门）等。质监部门负责对生产企业实施产品质量监控和强制检验，工商部门、食药监部门等负责对流通领域商品质量的监管。这种"分而治之"的管理体系在运行的过程中不仅容易出现归责问题，而且造成了商品质量监管信息"部门内部封闭运行、部门之间无法共享"的局面，因此加强相关政府部门之间的信息共享有利于提升流通领域内商品质量监管的效率。近年来，响应"大部制"的行政机构改革方案，各地推进工商、质监和食药监等部门展开了"二合一""三合一"或"四合一"的体制改革，此番机构改革是从省级以下"由下而上"进行的，从制度设计上是为了实施"一个部门管理市场"，但实施中如何实现由"物理整合"向"化学融合"的过渡，各地还在不断的探索过程中。

根据网络购物供应链来看，面向消费者的属于流通领域，商品质量抽检等工作归口工商行政部门，但针对卖家，有的属于生产企业，产品监控和强制检验又归口质监部门。因此，在监管上也存在权责割裂的现象。在网络购物中，信息已独立化为一种与实体产品并列的商品而存在，不仅作为一种独立的商品形态参与流通过程，而且信息的流通本身也已经成为配置资源的一种重要方式。但商品质量信息在流通领域的供应链条中却是逐级递减的（见图 3-6），对末端的消费者尤其如此。为保证商品信息的有效传递，保护消费者权益，相关政府监管机构应共享信息，并采取如下措施：第一，商品进入市场前，必须严格准入条件；第二，通过对批发环节（批发商）、零售环节（零售商）进行规范，监管关口前移，尽量减少信息在传递过程中的衰减。

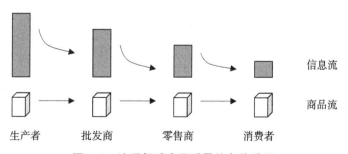

信息流

商品流

生产者　　批发商　　零售商　　消费者

图3-6　流通领域商品质量信息传递图

对于政府监管范畴，有学者在借鉴发达国家政府质量监管模式的基础上，提出了我国政府监管部门在流通领域质量监管方面的三个阶段，即直接作用阶段、过渡阶段和理想阶段。在直接作用阶段，政府监管部门直接作用于流通领域商品质量，基本是完全依靠自身有限力量实施监管。过渡阶段，即发挥行政直接监管作用与推动社会力量发挥非行政监管作用并重，构建立体化社会监管体系。从长远来看，则应该尽量减少行政部门直接干预，政府监管部门只负责监控重点商品，其他商品完全可以交给相关社会机构和力量，即为理想阶段。对于过去十几年高速发展的网络购物市场来说，由于市场、技术、商业模式等的不确定性，政府监管机构实质上的干预比较少，大部分管控职能由网络购物平台承担了起来。随着市场逐渐趋于稳定，政府监管机构理想的监管模式应遵循"小政府、大市场"的原则，运用好杠杆的调节作用，发挥和调动第三方监管和服务组织的作用，从而解决多头执法、效能低下等问题。

2）质量监督监管方法的问题。

在具有不完全信息的市场经济条件下，质量监督作为买卖双方争议和行为的评判而发展起来。在我国，监督的方式分为行政监督、法制监督、技术监督、质量认证制度、生产许可证制度等。其中，技术监督是一种符合性监督，一是用技术手段监督，二是对技术水平监督。技术监督比行政监督具有客观性、准确性和稳定性的优点。

就我国现阶段而言，在技术监督方面，实施商品质量抽样检测是一个很重要的手段。由于流通领域商品质量监管具有多样性、复杂性、时效性、技术性的特点，因此，目前的监管工作存在以下两个主要的难点：第一，商品质量较难鉴别。工商部门对商品质量的检测仍沿用看（查看）、闻（闻味）、尝（口尝）、摸（手摸）、比（比较）等陈旧方法，已很难适应当前对利用高科技、新工艺进行制假、贩假的商品质量进行鉴别，因此，工商部门对涉嫌质量问题的商品的抽样检测主要采取送有关部门和检测机构认定的方法，这种方法的弊端在于市场范围太小，尤其是在网络购物海量店铺和商品的情境下，以小样本量来判断批次商品质量缺乏科学、缜密的说服力。第二，处罚难兑现。我国流通领域商品的售价行为面多量广，往往出现抽检一种、转移数种，处罚一家、隐匿数家的情况。加之所采取的是指定账户上交罚款的方式，如果罚款太轻，则起不到震慑作用，罚款太重，商户则可能一逃了之，没有强硬手段保障处罚到位。而且由于网络购物空间地域的广泛性问题，以及地方保护主义等因素的干扰，处罚往往难以落到实处。

3. 卖方

在网络购物商品质量三级管控体系中，卖方作为商品提供方，是政府监管机构和网络购物平台各类政策、规定和机制最终的落脚点，卖方通过遵守政府监管机构和网络购物平台的政策规定、响应网络购物平台所设计的各种质量管控机制、积极主动地向买方传递相关信息，达到缓解商品质量不确定性的目的。

一般来说，卖家通过网购平台把商品质量信息转化为商品质量信号进行传递，如果没有外界干扰的话，消费者通过感知系统会直接感知卖家所传递的商品质量信息，这种情况下的信号传递一般不会失真。但是，由于市场的竞争性、卖家的发展以及政府监管机构的干预等，他们不能随心所欲、一成不变地传递商品质量信号，多少会受到限制和做出改变，从而根据影响源的反馈，调整传递的商品质量信息（见图3-7）。由于市场的复杂性，感知系统也不可能只单纯感知商品信息，同样会受到影响源的干扰。经过这样一个过程，商品质量信号传递到顾客，在到达顾客时能影响信号失真程度的取决于顾客的接收程度，而影响消费者的接收程度取决于消费者自身的特征，如年龄、受教育程度、网购频数等。有学者把商品质量信息分成两类：一类是实意质量信息，另一类是象征质量信息。实意质量信息主要是指质量信息以实物方式传递给买方，象征性质量信息主要是指质量信息通过语言、文字、图像等方式传递给买方。在网购环境下，消费者难以接触到商品实物，因而获得的商品质量信息基本都是象征质量信息。

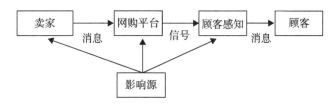

图3-7　网购平台商品质量信号传递模型

为了应对上述质量信号在传递过程中的衰减和失真，卖方需遵守政府监管机构和网络购物平台的政策规定、响应网络购物平台所设计的各种质量管控机制并主动向买方传递商品信息，如遵守政策法规，上传工商登记、管理和产品认证等信息，遵照网购平台的要求和格式详细地上传商品参数、规格、性能、图片、使用方法等，客服即时服务解答商品问题——这些都属于传递象征质量信息的范畴，买方通过这些多层次、多角度，甚至更为形象化的方式获取质量信号，从而应对质量信号在传递过程中的衰减和失真。

除此之外，为了在激烈的竞争中脱颖而出，有竞争力的卖方还应做到以下几点。

第一，立足于满足甚至超越顾客期望，从供应链和系统的视角展开全面商品质量管理（见图3-8），持续地提升和改进商品质量。积极获取产品认证和质量管理体系认证，配合网络购物平台和政府监管机构进行商品检验，并将认证和检验信息及时、快速地反馈给消费者。

网络购物平台已经越来越意识到质量的提升要从源头——也就是卖方开始抓起。以阿里巴巴集团为例，2008年从淘宝网催生出淘宝商城（后更名为"天猫"），2015年推出"中国质造"频道，都是阿里在卖方准入门槛方面所进行的尝试和改革。因此对于卖方来说，持续地提升企业和产品的竞争力，也是在平台上生存和发展的前提。而无论商业模式、技术如何变革，"为客户提供有独特价值的产品或服务"永远是商业的本质，而产品或服务质量则是其中最为关键的因素。

尽管网络购物在很多方面有别于传统购物，但商业和零售的本质并没有根本上的不同。因此，卖方要提高商品质量，就有必要在产品的设计、采购、生产、营销等各个环节开展全面质量管理。

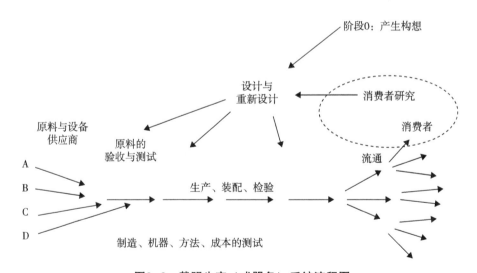

图3-8 戴明生产（或服务）系统流程图

第二，网络购物与传统购物相比，对卖方最大的挑战——同时也是最大的机会——来自于如何应用来自买方快速反馈的需求、抱怨等信息，在这种大数据环境下如何采用客户驱动质量（customer-driven quality，是一种主动满足顾客需求的方法，以收集与顾客有关的资料为基础来了解顾客的需求和偏好，并提供令其满意的产品与服务）的方法来获取核心竞争力。即在图 3-8 所示的椭圆形虚线框内，在传统购物情境下，企业要想获取消费者对于产品、服务的使用后反馈，需要制作调查问卷，通过电话、邮件、当面发放等途径抽样调研，回收问卷并进行统计分析得出结论。而在网络购物情境下，首先是利用技术手段收集反馈更容易了，样本量增加了，其次是收集、统计、分析的周期大大缩短了，最后是不仅可以收集结构化数据（利用问卷），而且还能够收集到海量的非结构化数据。在一项对供应链质量的研究中，供应链质量经理对他们所使用的具体实施工具进行排名，结果见表 3-3，其中，"数据管理"位居第二，因此，对于网络购物中的卖方来说，要更加重视数据的管理与应用，尤其是来自买方（消费者）的海量数据，将对消费者行为和态度的研究有效应用到产品再设计中，可以促进产品质量、功能的改进，提高产品的更新换代速度。在这方面，"生于斯长于斯"的"淘品牌"比传统企业更有优势，更加注重使用"用户评论"等大数据进行分析决策。例如安徽三只松鼠电子商务公司，它是利用电子商务平台将传统坚果零售与互联网进行深度融合的新型食品零售企业，在其经营中，三只松鼠利用大数据分析消费者对相应产品的需求，不仅在产品品类的选择上应对消费者需求，而且根据数据分析，可以集中、大批量地采购原材料，降低了采购成本，从而实现了品质和价格的双重优势。

表3-3　供应链质量管理实施工具排名

工具	位次
培训	1
数据管理	2
供应链管理	3
客户关系管理	4
领导力	5
标杆管理	6
项目管理	7

续表

工具	位次
调查	8
投诉处理	9
供应商开发	10

■ **韩都衣舍的大数据管理与应用**

区别于传统企业的供应链，韩都衣舍的柔性供应链拥有精确的大数据管理。传统品牌的供应链与互联网供应链的不同点是，后者拥有精确、高效的大数据管理。韩都衣舍通过大数据分析获得消费者的偏好，并通过互联网实现碎片化小订单集中化生产，实现供应链的柔性化，以实现对成本的控制等要求。同时，以大数据为驱动，使用数字化商业智能，通过以"爆""旺""平""滞"算法为驱动的 C2B 运营模式来指导产品集成研发。通过 HSCM（韩都衣舍供应链系统）确定面料辅料，通过 HSRM（韩都衣舍供应商协同系统）进行端对端的订单分配，通过 HOMS（韩都衣舍订单处理系统）来确定上新节奏，通过 HWNS（韩都衣舍仓储管理系统）来确定返单……公司的各项运营均以数字化商业智能为驱动，实现高效、协同运行。

资料来源：选编自《销售与市场》（2017.10）"从韩都衣舍转型看柔性供应链的威力"。

------

4. 其他相关方

Feddersen 和 Gilligan（2001）注意到在应对假冒伪劣现象时，消费者治理和行业协会等第三方治理的重要性，尤其是消费者维权运动可以在一定程度上推动其他相关方的治理。而且在互联网背景下，"顾客驱动质量"更容易实现。

根据国家统计局的数据显示，我国人均国民生产总值从 2006 年的 2000美元上升到了 2015 年的 8000 美元，短短 10 年增长了 3 倍。从世界各国的经济发展历程来看，人均 GDP 达到 8000 美元往往代表着该国创造的人均财富增加到了一定程度，在这个程度下国民对于选购的商品和服务范围会有所增加，从基本的满足温饱性需求转向了非物质的消费需求和品质化消费需求。与此同时，恩格尔系数持续降低，2015 年城镇和农村恩格尔系数分别达到 34.8%、37.1%，这意味着城乡居民普遍达到了小康、富裕的水平。城乡居民的消费在近几年内发生了转型，并且在结构上进行了升级。人们有更强的消费能力与消费意愿购买个性化的、具有品牌保障的、注重精神层面享受的商品。艾瑞咨询《2017 年中国网民消费升级和内容升级洞察报告》显示：和 5 年前相比，中国的消费者更愿意花钱购买品质好的东西，认为价格与质量挂钩的比例涨幅最大，对品牌有所偏好。整体来看，人们对品质的要求更明确了，愿意为高品质的商品付出更高的价格，同时也重视品牌所象征的商品特性。总之，消费升级背后的原因主要是消费能力和消费意愿两个方面，人均收入等消费能力指标的提高，是促进消费升级的客观条件，而追求高品质消费品则是消费者内心意愿的主观形式，最终表现为消费升级的结果。

因此，随着消费者消费能力的提升和对高品质产品消费意愿的增强，逐步传导至网络购物的供给端，有力地促进了网络购物市场上商品质量的提升。近年来不仅网购平台上卖方的商品质量提升了，而且出现了更多关注商品品质的、专注于提供高品质商品的网站，如网易严选、顺丰优选等，推动了网络购物中的商品质量不断提升。

第 4 章

网络购物平台商品质量管控能力指标体系

"人而无信,不知其可也。大车无輗,小车无軏,其何以行之哉。"网络购物情景下,极为重要的是搭建起买卖双方的信任体系。

4.1 网络购物平台商品质量管控能力的定义及指标体系构建

在网络购物商品质量三级管控模型中,网络购物平台处于核心管控地位,它对商品质量的管控水平直接反映了整个网络购物生态系统质量管控的水平。为了便于衡量网络购物平台的商品质量管控水平,本书提出"网络购物平台商品质量管控能力"这一定义,并构建了网络购物平台商品质量管控能力指标体系。

在网络购物商品质量三级管控模型体系中,网络购物平台主要承担着缓解商品质量不确定性、降低质量信息不对称的职能。因此,网络购物平台商品质量管控能力指的是:网络购物平台为了促进买卖双方更加有效地展开交易行为,整合各种资源、设计管控机制、采取管控措施以缓解商品质量不确定性,进而促进平台中流通的商品质量持续提升的一种综合性能力。这一能力所反映出的并非网络购物平台中某一个部门的某项能力,而是平台各部门和全体员工相关行动的一种综合性体现。

通过文献梳理和分析,本书将 Pavlou 缓解电子市场质量不确定性的四个维度作为标度网络购物平台商品质量管控能力的一级指标,即信任、网站信息量、产品诊断和社会存在。

具体到网络购物商品质量不确定性缓解方面,本书对信任、网站信息量、产品诊断和社会存在四个维度的内涵进行了如下界定。

1）信任维度。互联网世界的匿名性与高复杂性使得交易双方的行为更难预测，因此互联网信任比传统信任更为复杂，建立起来更为困难。但信任利益却是网络购物中消费者最为看重和感知到的关系利益类型。网络购物网站使用在线信誉反馈系统，将有过购买行为的买方所反馈的质量信息作为外部线索并据此形成买方对于商品的感知；鼓励卖方组建在线商业联盟，以其形成的集体声誉作为抵押向买方发出"商品高质量"的承诺；引入独立的第三方支付充当信用担保，以第三方支付的安全性和稳定性替代我国网络购物环境下商业信用的风险和不稳定；提升网站及其合作机构的声誉，将声誉作为高质量产品的传递信号发送给消费者。

2）网站信息量维度。网络购物平台可使用先进的技术工具实现对质量信息更为有效的沟通，如使用 3D 展示、生物感知等技术能在一定程度上弥补网络购物消费者缺乏的触觉信息，从而影响买方对产品性能不确定性的感知；根据不同的商品品类规范商品信息填写格式，确保卖方和商品的信息在网站上得到全面、充分的展示；为买卖双方搭建多渠道的在线沟通方式（如在线论坛、即时通信工具等）促进用户之间的生态化联系；探索搜索技术如何能够帮助买方更加快速、便捷地找到高质量商品。

3）产品诊断维度。产品诊断指的是买方感知到网站全面评价产品的能力。网络购物平台自发承担或引入第三方质量检验机构对卖方商品进行专业性鉴定，使买方通过质检报告或抽检公示等形式了解商品的真实质量；鼓励卖方提供产品试用，帮助买方通过试用体验获得对产品的认知。

4）社会存在维度。社会存在指的是买方感知到网站有效传递的卖方是真实的社会存在的能力。网络购物平台对卖方在商品质量方面的违规和欺诈行为进行诸如商品下架、支付违约金、冻结或查封账户等惩罚；通过要求卖方实名认证、提供相关资质清单、缴纳保证金等方式确认卖方的实体身份，买方借此感知到卖方是社会上公正守法的自然人或正常经营的企业组织，同时这些准入规定也在一定程度上过滤了不良用户；设计商品质量保证和承诺机制使买方感知到卖方的实体属性。如商品退换货保证和承诺，退换货承诺可以成为传递产品质量信息的有效信号；通过选择信誉良好的物流配送合作伙伴、对物流配送合作伙伴进行契约约束或自建物流平台等方式保障物流过程中的商品安全和质量。

为了使指标体系更趋科学、有效和合理，本书综合文献梳理和专家筛评两种方式确定二级指标，于 2011 年 3—4 月选取了 10 位电子商务领域的研究专家通过电话和邮件的方式多次交流讨论确定，这些专家来自于两个群体：一是大专院校研究电子商务的学者；二是电子商务研究机构的专家。在此期间，针对二级指标所做的修改主要包括：①将一级指标"网站信息量"更名为"信息展示和沟通"，将信任维度下的"商品退货保证"指标放入社会存在维度下，并扩展了其内涵和外延，更名为"质量保证及承诺"；②在信任维度中增加"第三方担保支付"指标；③在信息展示和沟通维度下增加"买卖方沟通方式"指标；④将信息展示和沟通维度下的"根据产品质量搜索"更名为"商品质量搜索功能"；⑤将社会存在维度下的"货到付款"和"开设实体店铺"合并为"线下服务"。

通过以上理论遴选和专家筛评，最终确定的 4 项一级指标和 17 项二级指标（见表4-1）。

表4-1 网络购物平台商品质量管控能力指标体系

评价对象	一级指标	二级指标
网络购物平台商品质量管控能力	信任 U_1	在线信誉反馈系统—量化分数 u_{11}
		在线信誉反馈系统—文字评论 u_{12}
		在线商盟 u_{13}
		合作方声誉 u_{14}
		第三方担保支付 u_{15}
	信息展示和沟通 U_2	网站的展示技术 u_{21}
		商品的展示格式规定 u_{22}
		买卖方沟通方式 u_{23}
		商品质量搜索功能 u_{24}
	产品诊断 U_3	第三方质量检验 u_{31}
		网络购物平台的质量抽检 u_{32}
		产品试用 u_{33}
	社会存在 U_4	违规欺诈行为惩罚 u_{41}
		卖方准入 u_{42}
		质量保证及承诺 u_{43}
		物流保障 u_{44}
		线下服务 u_{45}

4.2　指标含义解释

4.2.1　信任

　　信任是一个多维度、多学科的概念，心理学、经济学、管理学、营销学等不同的学科对信任的见解有各自特定的视角。在商业社会中，信任被认为是现代商业活动的核心要素，是保证交易进行的重要工具。Mcknight 等人提出的电子商务情境下的信任理论认为，信任倾向、制度信任和信任信念通过影响信任意向产生信任相关行为。信誉和信任类似，但并不相同，信誉指的是被别人信任的程度，根据《牛津英语词典》中的解释，信誉是某人在经过与其他人的直接或间接接触后，所得出的关于其品格或其他品质的估计。在网络购物中，大部分进行交易的买卖双方并不认识，没有面对面的交流，互联网世界的匿名性、缺乏面对面沟通等有形要素及其高复杂性使得交易双方的行为更难预测，他们无法通过个人关系，而只能通过在线信誉或参考来了解对方。网络购物平台采用在线反馈系统、在线商盟等在线信任机制搭建人际信任和系统信任环境，使买方产生对卖方、网络购物平台的信任，并通过信任传递产生对商品质量的信任。因此将在线信任作为网络购物平台商品质量管控能力的一个指标，其下设计五个二级指标。

　　（1）在线信誉反馈系统—量化分数

　　所谓在线信誉系统（也称为在线反馈机制或在线信誉汇报系统），是指一种在网络环境下，通过收集、合计、发布用户历史行为反馈信息，激励陌生人之间的合作行为，促进网络信任的信誉管理机制。

　　在电子商务生态系统中，在线信誉反馈系统将有过购买行为的买方所反馈的质量信息作为外部线索并据此形成买方对于商品的感知，其表现形式通常包括量化分数和开放式的文字评论两种。量化分数的提交格式主要有两种：一种是以 eBay、淘宝网开创的，按正反馈、负反馈、中性反馈（或称好评、差评、中评）提交反馈信息；另一种是以 eOpinions 为主的评比网站和 Amazon 为主的 B2C 网站所开创的，采用 1~5 分的评分机制给出反馈信息。随着我国网络购物市场的不断进化，淘宝网的 C2C 平台和天猫商城中的商品评价量化分数形成了两套体系：第一套是淘宝网 C2C 平台，使用"好评、差评、中评"的形式（后来增加了"追评"项，即交易成功后 15 天评价入口关闭，可以在 180 天内进行追加评价）；第二套是天猫商城 1~5 分的评分形式。如图 4-1 所示，淘宝网 C2C 平台某商品的"宝贝评论"下，分别显示了追评、好评、中评和差评的数量；图 4-2 中，在天猫商城的商品"累计评价"下，宝贝"与描述相符"的评价得分为 4.9 分。

图4-1　淘宝网 C2C 平台商品量化评价示例

图4-2　天猫商城商品量化评价示例

根据已有研究，尽管量化分数在度量方法上比较简单，难以全面反映信任的主观和多维的特性，但它在很大程度上解决了网络"柠檬"现象所带来的影响，降低了质量信息的不对称现象，而且直到今天，它仍然是买方获得卖方及其产品声誉和信任的最重要的参考依据。

（2）在线信誉反馈系统——文字评论

又称"在线评论"或"网络口碑"。Pavlou 和 Dimoka 证实消费者在网络购物中除了考虑在线评论得分外，也考虑在线文本评论。CNNIC 针对在线商品评论对网络消费者购买行为的调查结果显示，43.3% 的消费者表示在线商品评论是购买决策前最重要的信息源之一。近年来，很多学者从评论的属性、情感等视角研究文字评论对销量以及消费者购买决策和行为的影响，大量实证结果表明负面评论因为包含更多的商品诊断性信息，因而有助于消费者降低商品质量不确定性。在线文字评论已经成为企业进行市场沟通的一种新的重要途径，它能够帮助消费者获取更多产品信息以降低质量不确定性风险，已成为买方购物决策时所参考的重要因素。

（3）在线商盟

网络购物平台鼓励卖方组建在线商业联盟，此联盟有严格的入盟程序和规章制度，以其形成的集体声誉作为抵押向买方发出承诺：商盟成员提供的商品都是高质量的，如果有成员出现欺诈或违规行为，其他所有成员都会受到牵连。网络购物平台通过在线商业联盟发动卖方自发实施自行管理，形成一种在线信任机制。

淘宝网为了强化在线卖方的信誉机制，引入的卖家商盟制度，也属于一种在线信誉机制。在淘宝网上有两类商盟：一类是行业商盟；另一类是区域商盟，主要是城市商盟。众多卖家组成商盟，尤其是行业商盟，可以形成外部效应，使商盟中的每一个卖家从中获益。通过建立商盟，商盟向买家发出一个明确的承诺：商盟成员提供的商品是高质量的，否则，所有的成员都会受到牵连；如果某一成员提供了低质量的商品，商盟将对其实施惩罚。李维安指出商盟类似中世纪晚期商业革命时期社区责任体系（CRS），CRS 是一个自我实施的制度，其运行基于社区的集体信誉和社区内部的个人责任。CRS使得社区之间的交易人格化，保证了交易方的诚实行为，有效地促进了长距离贸易，保证了商品质量。

（4）合作方声誉

除卖方外，网络购物平台及其合作机构的声誉也影响着买方信任的形成。在传统实物市场上，信誉和品牌等信号在减少"柠檬"问题、降低信息不对称方面有着十分重要的作用，在网络购物市场中要实施信誉转移的策略，即实现由实物市场向电子商务市场的信誉转移，充分利用信誉转移来，间接地保证市场中的商品质量。

研究发现，流通中介（包括网络购物平台）的信誉可以成为产品质量的传递信号，当流通中介拥有良好的声誉时，买方通常会认为其销售的产品质量也更高。除此之外，第三方物流机构的声誉影响买方对于商品运送过程中安全性和完整性的感知，第三方质检机构的声誉影响买方对于质检结果和质检报告可靠性的感知。

（5）第三方担保支付

网络购物平台引入独立的第三方支付充当信用担保，以第三方支付的安全性和稳定性替代我国网络购物环境下商业信用的风险和不稳定，减少了在线交易道德风险和逆向选择行为的发生。第三方支付有效地促进了我国网络购物市场的繁荣发展。

4.2.2 信息展示和沟通

信息展示和沟通指的是买方感知的网站所提供的丰富且有帮助的信息，它能够帮助买方了解到更多有关卖方和产品的信息，因此将信息展示和沟通作为网络购物平台商品质量管控能力的一个指标，其下设计四个二级指标。

（1）网站的展示技术

网络购物平台可使用先进的技术工具实现对质量信息更为有效的沟通，Weathers 等人的研究发现，使用 3D 展示技术所显示的更具冲击力的图片信息能从一定程度上弥补网络购物消费者缺乏的触觉信息，从而影响买方对产品性能不确定性的感知，减少逆向选择行为的发生。

在 B2C 网站 AUCNET 的拍卖过程中，清晰的图像以及专用终端的便利性都使拍卖者有身临拍卖现场的感觉。尽管远程传递生动形象的信息的手段仍然很有限，但也有研究和发明指向使用计算机辅助手段来进行感觉信息的传递，如使用鼠标来"感觉"某种产品的材质，这些技术手段能够在网络购物中增强买方对商品的感知。

Weathers 等人认为，与经验产品相比，网络购物网站能够让买方控制搜索产品（search product）的信息，有助于更有效地降低不确定性。在互联网上，可以以一种非固定的格式展现信息，如 Amazon 允许买方将产品反馈信息以各种格式进行排序。温德成在研究 B2B 平台的质量问题时，建议 B2B 平台应提供个性化的综合质量搜索服务，以应对国际买方对商品质量的关注，代替目前 B2B 平台普遍采用的出钱越多排名越靠前的竞价排名方式。

（2）商品的展示格式规定

网络购物平台根据不同的商品品类规范商品信息填写格式，确保卖方和商品的信息在网站上得到全面、充分的展示，以缓解商品质量的不确定性。

例如在淘宝网上，卖方上传商品时，根据不同的商品品类，淘宝网和天猫平台规定了需要填写的属性和项目，如电热水壶需要填写的项目包括：CCC 证书编号、产品名称、功率、壶体层数、容量、智能类型、温控器类型、采购地、电水壶加热速度、电热水壶材质、电热水壶类型、保温功能、附加功能、电热水壶售后服务、颜色分类、电热水壶品牌、型号、刻度标示、加热方式等（见图 4-3）。

图4-3　淘宝网电热水壶产品参数示例

不同的商品品类所规定的必填产品参数不同，如图 4-4 所示，某商家裙子的产品参数包括材质成分、销售渠道类型、货号、风格、裙长、袖长、腰型、裙型、图案、品牌、面料、适用年龄、年份季节、颜色、尺码等。

图4-4　淘宝网衣服类产品参数示例

（3）买卖方沟通方式

为缓解买卖双方因为物理空间上的分离而导致的沟通不畅的问题，网络购物平台为买卖双方搭建多渠道的在线沟通方式（如在线论坛、即时通信工具等）。淘宝网开发的即时通信工具阿里旺旺以及论坛系统促进了用户之间的生态化联系，买卖双方频密的交流互动，促进了买卖双方之间互动关系的模式化与稳定化。这种互动沟通便于买方对所感知到的质量不确定性向卖方加以确认，进而将获得的商品质量信息与商品原型联系起来。

（4）商品质量搜索功能

研究显示，B2B 网站提供个性化的综合质量搜索服务可帮助买方快速找到高质量的商品及其卖方。网络购物平台通过提升搜索技术、拓宽搜索应用范围，能够帮助买方根据信誉评价得分、商品质量评价情况等质量信息展开搜索，以快速、便捷地找到高质量商品及其卖方，降低商品质量及卖方的不确定性。同时，对于存在炒作信用、商品与描述不符等行为的卖方和商品，网络购物平台通过搜索降权，降低其排序，减少不诚信卖方及其商品的曝光机会。

4.2.3 产品诊断

产品诊断指的是买方感知到网站全面评价产品的能力，因此将产品诊断作为网络购物平台商品质量管控能力的一个指标，其下设计三个二级指标。

（1）第三方质量检验

产品检验即根据给定的质量标准，按照一定的验证方法和程序，对被验证的产品进行分析、测量，并将分析和测量结果与给定的质量标准进行对比，对其质量特性做出合格与否的判定。研究发现，通过值得信赖的第三方对产品质量进行检查，拒绝低于一定质量标准的产品进入电子商务市场也可减少网络"柠檬"现象，因此，网络购物平台引入第三方质量检验机构对卖方商品进行专业鉴定，使买方通过质检报告或抽检公示等形式了解卖方商品的真实质量。

（2）网络购物平台的质量抽检

在传统零售业中，零售商通过设立质检部门，可以在进货时利用专业化优势对产品优劣进行有效识别。同样地，在网络购物中，网络购物平台作为交易中介，也可担负起商品质量检验甚至分级的职能，对商品质量实施定期或不定期的抽检。

（3）产品试用

产品试用是产品诊断的一种有效方式，消费者通过试用体验获得对产品的认知。网络购物平台实施产品试用机制，鼓励卖方（尤其是新进入的卖方或不知名品牌）推出产品试用装供买方试用，帮助买方克服互联网环境下与商品缺乏物理接触的困难。

4.2.4　社会存在

社会存在指的是买方感知到网站有效传递的卖方是真实的社会存在的能力，以克服网络环境所固有的时空分离的情况。近年来，随着互联网市场上消费者的社会化导向性越来越强，应用技术和服务来构建线上、线下结合的商业渠道已经成为互联网站不得不考虑的战略选择，因此社会存在理所当然地作为网络购物平台商品质量管控能力的一个指标，其下设计五个二级指标。

（1）违规欺诈行为惩罚

网络购物平台对卖方在商品质量方面的违规和欺诈行为进行惩罚，根据违规行为（如商品描述不符、发布违禁信息、出售假冒商品、违背承诺等）的轻重实施商品下架、支付违约金、冻结或查封账户等惩罚措施。这些惩戒措施的规定及其实施使买方了解到，卖方作为真实的社会存在必须守法经营。

（2）卖方准入

网络购物平台通过要求卖方实名认证、提供相关资质清单、缴纳保证金等方式确认卖方的实体身份，买方借此感知到卖方是社会上公正守法的自然人或正常经营的企业组织。而且这些有关准入门槛的规定也在一定程度上过滤了不良用户，保证了卖方提供高质量商品的实力。

自国家工商总局发布《网络商品交易及有关服务行为管理暂行办法》，规定网店实名制后，淘宝网 C2C 平台规定个人卖方必须进行身份证实名认证，提交真实的个人照片。而天猫商城和京东商城等 B2C 平台对卖方准入的限制则更为严格，必须提供最新年检的营业执照复印件、组织机构代码证复印件、税务登记证复印件、开户银行许可证复印件、质检报告复印件或产品质量合格证明等材料，化妆品、食品、药品、3C 认证产品等品类还须提供其他资质清单。除此之外，在资金保障方面，淘宝商城和京东商城均向入驻卖方收取几万元不等的保证金用于交易纠纷的赔偿或违约保障。

■ **淘宝网 3C 强制准入二期公告**

亲爱的淘宝网卖家：

CCC 认证是中国政府为保护消费者人身安全和国家安全、加强产品质量管理、依照法律法规实施的一种产品合格评定制度。为了规范淘宝行业市场，保障消费者人身财产安全，提升消费者购物安全感，淘宝网对国家强制 3C 认证产品做强制准入。

前期已经完成高危品类 139 个末级类目的商品准入，12 月 19 日开始将对剩余 284 个末级类目做准入要求，主要涉及玩具、汽配、家电、数码、家装、五金工具等品类。

3C 准入要求明细：

1. 如您所售的商品在国家 3C 认证产品目录中，在商品发布或编辑时必须填写商品的 3C 认证编号，如未填写或填写错误将导致商品无法发布；

2. 如您所售的商品在国家 3C 认证产品目录中，但未填写商品 3C 认证证号，平台将对商品做下架处理；

3. 必须如实填写商品 3C 认证证号，确保所售商品的信息与 3C 认证信息的一致性，不得冒用他人证号（如您所售商品为 a，却填写了 b 商品的 3C 证号），如被发现，将对商品做删除、扣分处理。

资料来源：淘宝论坛《淘宝网 3C 强制准入二期公告》，2016-11-30。
https://pinkong.bbs.taobao.com/detail.html?spm = a210m.7754828.0.0.
2i3d88&postId = 7321342.

（3）质量保证及承诺

网络购物平台可设计商品质量保证和承诺机制使买方感知到卖方的实体属性。如商品退换货保证和承诺，它为包括产品质量和需求匹配在内的各类不确定性提供保险，消费者实际上"延迟了购买行为，直到他们已经对产品性能有足够的了解"，而对厂商来说，提供退换服务还可以成为传递产品质量信息的有效信号。网络购物平台参照传统零售市场的退换货机制，设计无理由退换货机制，同时对退换货流程进行有效管理和创新，解决逆向物流费用等问题，降低买方退换货成本。类似的质量保证和承诺机制还有"假一赔三""先行赔付"等消费者保障计划，在这些机制的保证下，买方相信与网络购物平台和卖方的关系和面对面交易并不存在本质区别。

（4）物流保障

物流配送是网络购物的重要环节和基本保证，网络购物平台可通过选择信誉良好的物流配送合作伙伴、对物流配送合作伙伴进行契约约束或自建物流平台等方式，保障商品配送过程中的安全性和完整性。随着信息技术的发展，尤其是在一些特殊商品（如冷鲜食品等）的物流配送过程中，使用 RFID 等技术改善物流中的"可视性"来提升物流绩效，保证商品的安全性。

(5) 线下服务

线下服务包括支持货到付款、开设实体店。近年来，我国的网络购物平台逐渐将业务延伸至线下，支持货到付款（现金付款或 POS 机付款）即是线下业务延伸的一种方式，它使买方在支付货款前可以真实地接触到产品，对商品质量形成初始判断。开设实体店铺是网络购物平台线下业务延伸的另一种方式。

4.3　指标权重的确定及分析

4.3.1　层次分析法确定指标权重

层次分析法（简称 AHP）是美国运筹学家匹茨堡大学教授萨蒂于 20 世纪 70 年代初，在为美国国防部研究"根据各个工业部门对国家福利的贡献大小而进行电力分配"课题时，应用网络系统理论和多目标综合评价方法，提出的一种层次权重决策分析方法。该方法是将定性分析与定量分析相结合、定性问题定量化的决策方法，其基本思路是将复杂问题层层分解为若干个组合因素，通过决策者们对于不同因素之间两两比较的优势判断来确定相对重要性，形成判断矩阵，并通过一致性检验保证所得出决策和评价的一致性和稳定性。

AHP 法是将决策问题按总目标、各层子目标、评价准则直至具体的备投方案的顺序分解为不同的层次结构，然后用求解判断矩阵特征向量的办法，求得每一层次的各元素对上一层次某元素的优先权重，最后再加权和的方法递阶归并各备择方案对总目标的最终权重，此最终权重最大者即为最优方案。这里所谓"优先权重"是一种相对的量度，它表明各备择方案在某一特点的评价准则或子目标，标下优越程度的相对量度，以及各子目标对上一层目标而言重要程度的相对量度。层次分析法比较适合于具有分层交错评价指标的目标系统，而且目标值又难于定量描述的决策问题。其用法是构造判断矩阵，求出其最大特征值及其所对应的特征向量 W，归一化后，即为某一层次指标对于上一层次某相关指标的相对重要性权值。

AHP 法已被广泛用于处理多准则决策问题。对网络购物平台商品质量管控能力的评价涉及不同层次的多项指标，且难以直接获取量化数据，因此适合通过专家评判的方式确定指标权重。

AHP 法一般分四个基本步骤，即建立层次结构模型，构造成对比较判断矩阵，计算单排序权向量并做一致性检验，计算总排序权向量并做一致性检验。

（1）建立层次结构模型

应用 AHP 分析决策问题时，首先要把问题条理化、层次化，构造一个层次化的结构模型。本书的层次结构模型见表 4-1，目标层即评价对象为网络购物平台商品质量管控能力，准则层即信任、信息展示和沟通、产品诊断和社会存在 4 个一级指标，方案层即 17 个二级指标。

（2）构造成对比较判断矩阵

对同一层次的因子（首先从最低的方案层开始）进行两两比较建立成对比较矩阵，即每次取两个因子 x_i 和 x_j，以 a_{ij} x_i 和 x_j 表示对 Z 的影响大小之比，全部比较结果用矩阵 $\boldsymbol{A} = (a_{ij})_{n \times n}$ 表示，称 A 为 Z-X 之间的成对比较判断矩阵。成对比较判断矩阵的值反映了各因素相对重要性（优劣、偏好、强度等）的认识，一般采用 9 级评价标度方法，具体见表 4-2。

表4-2　9 级评价标度及其意义

标度	相对关系定义	说明
1	同等重要	表示两个因素相比，两个因素同等重要
3	稍微重要	表示两个因素相比，一个比另一个稍微重要
5	明显重要	表示两个因素相比，一个比另一个明显重要
7	强烈重要	表示两个因素相比，一个比另一个强烈重要
9	极端重要	表示两个因素相比，一个比另一个极端重要
2、4、6、8	上述相邻判断的中值	介于两个基本点相邻判断尺度的中间
倒数	反比较	若 I 与 J 比较得 B_{IJ}，则 J 与 I 比较得 $1/B_{IJ}$

本书选取电子商务领域的专家学者给出成对比较判断矩阵。根据表 4-1 中的层次结构模型，采用 9 级评价标度，形成调研问卷（见附录 A。在问卷中，为了配合专家的语言习惯，将"在线信誉反馈系统"表述为"在线评价系统"）。调研问卷以电子邮件的方式发送给电子商务领域的专家学者，这些专家学者的选择途径有以下几种：第一，通过中国期刊全文数据库，

使用"电子商务""网络购物"等关键词搜索到的论文作者；第二，各大专院校网站上搜索教授电子商务课程的老师；第三，联系艾瑞咨询集团、中国互联网络信息中心等电子商务研究机构的研究人员；第四，在人大经济论坛、科学网上搜索到的研究电子商务的学者。本调查自 2013 年 4 月开始，至 2013 年 6 月截止，共 3 个月的时间，发放 310 份问卷，实际回收的有效问卷为 74 份。

（3）计算单排序权向量并做一致性检验

计算权重的常用方法有几何平均法（根法）和规范列平均法（和法）。本书采用根法计算。而当超过一个或者更多的个体参与决策过程时，无论群成员是参加讨论以形成一致还是表达他们各自的偏好，个体判断都可以以不同的方式进行集结，两种最有效的集结方法分别是集结个人判断（AIJ）和集结个体排序（AIP）。本书采用集结个人判断的方法，假设 74 位专家的评判是同等重要的，对 74 位专家的打分进行几何平均形成判断矩阵 $u_{ij}^{G} = \left[\prod\limits_{k=1}^{n} u_{ij}^{k} \right]^{1/n}$。各层次的判断矩阵、权向量见表 4-3～表 4-7。

表4-3 一级指标判断矩阵、权重及一致性检验

指标	U_1	U_2	U_3	U_4	W	CR
U_1	1.000	2.165	1.620	1.397	0.363	
U_2	0.462	1.000	1.369	1.169	0.226	0.018
U_3	0.617	0.731	1.000	1.003	0.198	
U_4	0.716	0.856	0.998	1.000	0.213	

表4-4 信任判断矩阵、权重及一致性检验

指标	u_{11}	u_{12}	u_{13}	u_{14}	u_{15}	W	CR
u_{11}	1.000	0.934	1.741	1.011	1.327	0.224	
u_{12}	1.071	1.000	2.780	2.167	1.521	0.304	
u_{13}	0.574	0.360	1.000	0.751	0.886	0.128	0.011
u_{14}	0.990	0.461	1.332	1.000	1.093	0.177	
u_{15}	0.754	0.658	1.129	0.915	1.000	0.167	

表4-5 信息展示和沟通判断矩阵、权重及一致性检验

指标	u_{21}	u_{22}	u_{23}	u_{24}	W	CR
u_{21}	1.000	1.591	1.116	0.953	0.282	
u_{22}	0.629	1.000	0.876	0.789	0.201	0.012
u_{23}	0.897	1.141	1.000	1.349	0.269	
u_{24}	1.049	1.267	0.742	1.000	0.248	

表4-6 产品诊断判断矩阵、权重及一致性检验

指标	u_{31}	u_{32}	u_{33}	W	CR
u_{31}	1.000	1.484	1.286	0.409	
u_{32}	0.674	1.000	1.003	0.289	0.002
u_{33}	0.778	0.997	1.000	0.303	

表4-7 社会存在判断矩阵、权重及一致性检验

指标	u_{41}	u_{42}	u_{43}	u_{44}	u_{45}	W	CR
u_{41}	1.000	1.543	1.373	1.709	2.471	0.288	
u_{42}	0.648	1.000	1.234	1.5736	2.405	0.231	
u_{43}	0.729	0.810	1.000	2.073	2.874	0.239	0.013
u_{44}	0.585	0.636	0.482	1.000	1.8808	0.149	
u_{45}	0.405	0.416	0.348	0.532	1.000	0.092	

　　构建成对比较矩阵的方法虽然能减少其他因素的干扰，较客观地反映出一对因子影响力的差别，但综合全部比较结果时，其中难免包含一定程度的非一致性。因此，对决策者提供的判断矩阵有必要做一致性检验。对每个成对比较矩阵计算最大特征值 $\lambda_{max} = \sum_{i=1}^{n} \frac{(Aw)_i}{nw_i}$，计算一致性指标 $CI = (\lambda_{max} - n)/(n-1)$ 和一致性比率 $CR = CI/RI$（RI 为平均随机一致性指标，其值见表4-8），若 $CR < 0.1$，则判断矩阵具有满意的一致性，否则需要重新评判，直至满足一致性要求。根据表 4-3~表 4-7，信任、信息展示和沟通、产品诊断、社会存在的二级指标的 CR 值分别为 0.011、0.012、0.002 和 0.013，一级指标的 CR 值为 0.018，均小于 0.1，满足一致性检验条件。

表4-8 平均随机一致性指标 (*RI*) 的取值

n	1	2	3	4	5	6	7	8	9
RI	0.00	0.00	0.58	0.90	1.12	1.24	1.32	1.41	1.46

（4）计算总排序权向量并做一致性检验

根据 AHP 计算总排序权向量的算法，自上而下地将单层元素权重进行合成，取得最底层相对于最高层的合成权重。假设 A 层 m 个因素 A_1，A_2，$\cdots$，A_m 对总目标 Z 的排序为 a_1，a_2，$\cdots$，a_m，B 层 n 个因素对上层 A 中因素 A_j 的层次单排序为 b_{1j}，b_{2j}，$\cdots$，b_{nj} $(j=1，2，\cdots，m)$，则 B 层各因素的层次总权重排序 $b_i = \sum b_{ij}a_j (i=1，2，\cdots，n)$，因此二级指标权重、层排序及总排序情况见表4-9。

表4-9 指标权重及排序情况

指标	信任	信息展示和沟通	产品诊断	社会存在	层位次	总位次
	0.363	0.226	0.198	0.213		
u_{11}	0.081				2	2
u_{12}	0.111				1	1
u_{13}	0.047				5	14
u_{14}	0.064				3	4
u_{15}	0.061				4	8
u_{21}		0.064			1	5
u_{22}		0.045			4	15
u_{23}		0.061			2	7
u_{24}		0.056			3	11
u_{31}			0.081		1	3
u_{32}			0.057		3	10
u_{33}			0.060		2	9
u_{41}				0.061	1	6
u_{42}				0.049	3	13
u_{43}				0.051	2	12
u_{44}				0.032	4	16
u_{45}				0.020	5	17

层次总排序完毕后同样要做一致性验证，利用总排序一致性比率进行检

验。$CR = \dfrac{w_1 CI_1 + w_2 CI_2 + \cdots + w_m CI_m}{w_1 RI_1 + w_2 RI_2 + \cdots + w_m RI_m} = 0.011 < 0.1$，即层次总排序满足一

致性检验的条件，可以按照总排序权向量表示的结果进行分析和决策。

4.3.2 层次排序分析

根据表 4-9 的计算结果可以发现：在一级指标中，信任的权重最高，接下来依次是信息展示和沟通、社会存在和产品诊断。而在信任指标下，权重排序情况依次为在线信誉反馈系统—文字评论、在线信誉反馈系统—量化分数、合作方声誉、第三方担保支付、在线商盟；在信息展示和沟通指标下，权重排序情况依次为网站的展示技术、买卖方沟通方式、商品质量搜索功能、商品的展示格式规定；在产品诊断指标下，权重排序情况依次为第三方质量检验、产品试用、网络购物平台的质量抽检；在社会存在指标下，权重排序情况依次为违规欺诈行为惩罚、质量保证及承诺、卖方准入、物流保障、线下服务。针对 17 项二级指标，总位次排名前三位的分别是：在线信誉反馈系统—文字评论、在线信誉反馈系统—量化分数、第三方质量检验；排名末三位的分别是：线下服务、物流保障、商品的展示格式规定。

上述结果对我国网络购物平台的商品质量管控实践具有如下指导意义。

（1）当前，我国网络购物平台商品质量管控能力的评价体系由 4 个一级指标和 17 个二级指标构成，在 4 个一级指标中，在线信任在缓解商品质量不确定性方面发挥着最为重要的作用，明显大于其他三个因素，但信息展示和沟通、社会存在和产品诊断的权重也不容忽视，缺失任一要素都可能影响到平台的商品质量管控能力。

（2）正如很多研究指出的，信任是网络购物得以高速发展的最主要支撑因素，根据本书的研究，它也是评价网络购物平台商品质量管控能力的最为重要的因素，其中又以在线信誉反馈系统的重要性为最，文字评论和量化分数在权重总位次中分别位于第一位和第二位。在线信誉反馈系统曾一度出现信誉炒作、共谋等现象而遭人诟病，但作为网络购物平台最早采用的商品质量管控机制，一直是缓解商品质量不确定性的最为重要的手段。近年来网络购物平台也采取了一些改进措施，但在量化分数上还普遍存在累积加分的算法欠科学、因默认好评而出现的好评率虚高、未考虑时间权重和交易金额对信誉值的影响等问题，文字评论则存在信息量过载和质量参差不齐的问题。

考虑到在线信誉反馈系统的关键性作用，网络购物平台对此仍需进行持续改进。

（3）信息展示和沟通是评价网络购物平台商品质量管控能力的排位第二的因素，其下最为重要的是网站的展示技术。日本的二手车拍卖平台AUCNET 拍卖过程中清晰的图像以及专用终端的便利性使拍卖者有身临拍卖现场的感觉，诸如此类的电子辅助技术和手段能够在网络购物中增强买方对商品的感知。因此，我国的网络购物平台应积极进取，向国外同行学习或自行研发新技术，创新性应用展示技术手段，增强网站的可视性和可应用性，加强买方对商品的感知。

（4）在总位次排序中，第三方产品质量检验排第三位，仅次于在线信誉反馈系统的两个因素。在传统实物市场中，第三方质量检验长期以来一直是商品质量保证的重要手段之一，尤其在揭示商品内部线索方面。因而淘宝网于 2010 年将其引入网络购物市场作为一项重要的商品质量管控措施，成为在线信誉反馈系统的必要补充，该措施在一定程度上打击了网购市场中假冒伪劣商品的销售。但这一创新机制在规则、制度和流程设计方面仍存在诸多漏洞，从而出现了卖方送检产品与销售产品不符等问题，网络购物平台需对此加以完善。除此之外，政府监管机构在需要制定政策推进第三方产品质量检验在网络购物市场中的应用，并完善监督机制。

（5）在总位次排序中，线下服务因素的权重最低。近年来，随着我国电子商务移动化和融合化的发展趋势，线上和线下业务的融合逐渐成为可能，一些自主销售式的购物网站和初具规模的卖方开始尝试支持货到付款或开设实体店铺的方式将业务延伸至线下。但根据本书的研究结果，线下服务因素在评价网络购物平台商品质量管控能力方面的重要性最低，因此，在资源有限的情况下，可以缓行。

4.3.3　一个后续研究的结论

徐光香根据本书的研究，使用质量信号传递理论，构建了网购平台商品质量信号传递模型，分析了天猫平台上涉及卖方、网购平台、政府监管机构、第三方服务机构在内的传递商品质量信号的影响因素。

研究发现，"正品承诺、假一赔三等质量保障""商品的实物图片""卖家类别""网络购物信用体系建设的推动措施""相关法律法规的制定和完善""工商部门对商品质量的检查（抽查）机制""针对卖方违规行为的惩罚措施的力度""是否有鼠标在商品图片上滑过时显示放大的细节图等功能""有关卖家和商品的负面评价信息""商品有他人推荐""物流公司的可信赖程度""商品的月销量信息""退款纠纷率""第三方认证机构出具质量检测报告以及认证证书"对传递商品质量信号的影响较显著,而"行业联盟和区域商盟标志""卖方资质认证的推行与实施金牌卖家、店铺年长""店铺动态评分""有关卖家和商品的正面评价信息""宝贝商品的网站收藏人数"等对传递商品质量信号的影响较不显著。该结论与本研究的结论有相似之处,但也存在不同,究其原因,本研究采取的是专家访谈和调研,而徐光香的调研则针对学生及工作人群,也就是消费者。视角不同,因而得出了不同的结果。

同时,徐光香还研究了不同群体的消费者对影响因素的差异性观点。如从性别来看,男性倾向于利用"要求卖方实名认证、提供相关资质清单、交纳保证金等"和"网购平台内部自行组织对商品质量的检查机制"来判断商品质量;在利用不同质量信号来判断商品质量上,女性比男性利用得更多,这有可能是因为女性心思细密,浏览商品时间长,又喜欢货比三家;从年龄来看,年龄越大,越可能利用"是否加入行业联盟和区域商盟、商品的实物图片、卖家所经营的产品是否为知名品牌(旗舰店、专卖店、自营店)、店铺是否有线下实体店详细地址、商品是否参与公益事业、商品是否有他人推荐、工商部门对商品质量的检查(抽查)机制、针对卖方违规行为的惩罚措施的力度(如限制发布商品、商品下架、关闭店铺等)、'商品详情'中是否根据不同品类规范'产品参数'的填写格式、卖方资质认证的推行与实施金牌卖家、店铺年长、质量认证和检验等合作机构的可信赖程度(如类型、规模、资质等)、第三方认证机构出具质量检测报告"这些质量信号来判断商品质量;从受教育程度来看,受教育程度越高,就越有可能利用"正品承诺、假一赔三等、是否加入行业联盟和区域商盟、商品的实物图片、商品的详细参数、同类或同件商品的比对价格、产品试用通过招募消费者试用卖方产品"等质量信号来判断商品质量;从职业来看,不同消费群体利用质量信号判断商品质量方面并未显示出显著差异;从网购频次和网购经历来看,网购频次越高、经历越丰富,利用"商品的相关保险服务(如退货保险)、商品的实物图片、卖家所经营的产品是否为知名品牌(旗舰店、专卖店、自营店)、商品可按信用得分或者质量搜索排序、有关卖家和商品的负面评价信息"等质量信号来判断商品质量的概率也就越大。

第 5 章

淘宝网商品质量管控能力评价

　　"天之历数在尔躬，允执其中。"网络购物平台在制定、实施各项规章制度时，须不偏不倚，坚持中正的治理策略。

　　在我国的网络购物市场中，淘宝网几乎自诞生之日起就占据了行业领头羊的位置，引领着市场的发展。根据艾瑞咨询集团的数据，2016 年，网络购物市场年度交易额达 4.7 万亿元，在社会消费品零售总额中占比超过 14%，而淘宝系（包括淘宝集市和天猫商城）占网络购物整体交易规模的 76%，且占比多年来一直保持该水平。因此，从某种意义上说，淘宝网的商品质量管控水平代表了我国网络购物平台的商品质量管控水平。

　　本章用两个研究从不同的侧面反映淘宝网的商品质量管控水平。

　　首先将应用前文所建立的网络购物平台商品质量管控能力评价指标体系，使用模糊综合评价法和四分图法，采取定性和定量相结合的方法，从不同角度对淘宝网现阶段的商品质量管控能力进行了综合评价。其中，模糊综合评价使用模糊数学的基本理论和方法，同时考虑人的主观判断，对模糊、不确定的变量进行量化，从而做出相对客观、科学的评价；而四分图法的优势在于能够简洁直观地对不同因素归类分析。

　　本章还将分析由"2015 年 1 月底淘宝网和工商总局因商品质量抽检结果引发争执"这一事件所引发的在线新闻评论，通过厘清消费者对于该事件的态度，揭示消费者对淘宝网商品质量的认识和判断。

5.1 实证调研研究

5.1.1 模糊综合评价

模糊综合评价法是一种基于模糊数学的综合评价方法。该综合评价法根据模糊数学的隶属度理论把定性评价转化为定量评价，即用模糊数学对受到多种因素制约的事物或对象做出一个总体的评价。它具有结果清晰、系统性强的特点，能较好地解决模糊的、难以量化的问题，适合解决各种非确定性问题。

与传统的二值逻辑相比，模糊逻辑更加接近于人类的思维和自然语言。原理上，模糊逻辑提供了一种有效的方式来获取现实世界中近似的和不精确的特性。模糊综合评价（fuzzy comprehensive evaluation）应用模糊数学的概念，用数学的方法研究和处理具有模糊性的现象，将一些边界不清、不易量化的因素定量化，经处理后得到一个比较接近真实值的数据，实现对系统的综合评价。其基本思想是把指标体系中每个指标得到的评估值经过模糊评价的规范化处理，得出的分值是隶属度向量，对所有指标的隶属度向量进行合成运算，最后求出评估对象的综合评定结果。

模糊综合评价法的适用性较强，既可用于客观因素的综合评价，又可用于主观因素的综合评价，尤其在对含有主观因素的管理学问题进行模糊化处理、使定性指标向定量指标转化方面具有一定的优势。本书对网络购物平台的商品质量管控能力进行评价，具有较强的模糊性，而且反映网络购物平台商品质量管控能力的指标也具有一定的模糊性。模糊综合评价的结果本身是一个模糊子集向量，较为准确地刻画了对象本身的模糊状况，因此适合使用模糊综合评价方法。

1. 实证研究设计及统计性分析

本书作者自 2013 年 6 月至 7 月历时近两个月的时间对淘宝网的商品质量管控能力展开实证评价。依据第 4 章所构建的网络购物平台商品质量管控能力指标体系，在调研问卷中，为每项指标建立评语集 V = （很差，差，一般，良好，优秀），并赋予 1~5 分的分值（评语等级个数通常为大于 4 而不超过 9 的奇数，本书使用 5 级评语进行评价），受调查者为每个指标打分。

在正式展开大规模调研之前，先在山东大学校园里选择了 20 名大学生（10 名男生和 10 名女生）进行了预调研，主要目的是检验问卷的可读性。根据预调研的反馈情况，作者更改了问卷中部分语句的表述，如将"商品格式规定严格"更改为"根据产品品类详细规定了必填项（如产品参数）、辅填项，有效地规范和指导卖方的信息发布"，将"商品质量搜索功能完善"更改为"可根据商品质量状况搜索卖方和商品"等。而且，为了便于被调查者理解问卷，在问卷中加入了"支持性信息"（如对于第三方质量检验、淘宝抽检、试用中心等，列出相关链接），帮助被调查者理解有关概念。

由于评价主体是在淘宝网上出售和购买商品的买卖双方，因此，正式的调研主要通过互联网发放并回收电子问卷。发放渠道包括调研网站（如问卷星、调查派）、淘宝论坛及其他网络购物论坛、即时通信工具（淘宝旺旺和腾讯 QQ）邀请等。共发放 550 份问卷，回收有效问卷 384 份。

在回收的问卷中，买方 249 份，卖方 135 份（见图 5-1）。通常来说，具有卖方身份的可能同时也是买方，因此在问卷中"身份"的选项包括"卖方""买方""既是卖方又是买方"。统计时，将"既是卖方又是买方"的计入"卖方"。尽管在该调研中卖方的比例仍然小于买方，但考虑到在淘宝上买卖双方的实际比例，本书的调研还是在较大程度上保证了卖方的数量。

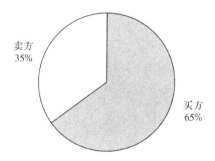

图5-1　被调查者性质

在被调查者中，男性 157 人，占比 41%，女性 227 人，占比 59%，如图 5-2 所示。

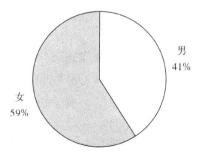

图5-2　被调查者性别

图 5-3 所示为被调查者的年龄分布情况，可以看出，88% 的被调查者年龄段在 21~40 岁之间。

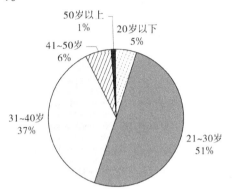

图5-3　被调查者年龄

图 5-4 所示为被调查者开店或网购的年限，约 75% 的被调查者至少具有 3 年以上在淘宝网开店或购物的年限，他们对淘宝网的商品质量管控情况比较熟悉。

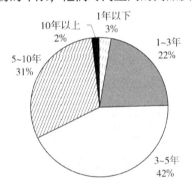

图5-4　被调查者开店或网购年限

2. 信度和效度分析

（1）信度分析

信度分析就是对信度进行估计。制作完成一份量表或问卷后，首先应该对该测验工具进行信度分析，以确保其可靠性和稳定性，以免影响问卷内容分析结果的准确性。内容分析方法中的信度分析是指两个以上参与内容分析的研究者对相同类目的判断的一致性。一致性越高，内容分析的可靠性也越高；一致性越低，内容分析的可靠性也越低。因而信度直接影响内容分析的结果，内容分析必须经过信度分析，才能使内容分析的结果更可靠。

目前比较常用的信度估计方法有重测信度、复本信度、内部一致性信度和评分者信度。重测信度和内部一致性信度有一个共同的限制，就是必须进行两次实测或者使用两份测验，容易造成测验编制负荷增加，受试者合作意愿低落或厌烦，直接或间接影响测验结果。内部一致性信度只需要一次测验结果就可以对信度进行估计，内部一致性信度包括折半信度、Cronbach α 系数等。α 系数是目前使用最多的内部一致性信度计算方法，适用于态度、意见式问卷的信度分析，其计算公式为

$$\alpha = \frac{n}{n-1}\left[1 - \frac{\sum\limits_{i=1}^{n} S_i^2}{S_X^2}\right]$$

其中，S_i^2 为每一指标项目的方差，S_X^2 为测验总分方差。如果 α 系数在 0.9 以上，则该量表的信度甚佳；信度系数为 0.7~0.8 都是可以接受的；如果信度系数为 0.6~0.7，则该量表应该进行较大修正，但仍不失其价值；如果信度系数小于 0.6，量表应当重新修订或者重新编制。

本书使用 SPSS17.0 对问卷的信度进行分析，得到总体 α 值为 0.913，因此该问卷的信度甚佳。表 5-1 中信任、信息展示和沟通、产品诊断、社会存在维度的 α 系数在 0.671 和 0.813 之间，均大于最小接受值 0.6。

（2）效度分析

效度是说明一个量表有效性的重要指标。效度可以分为内容效度、结构效度和效标关联效度三类，这三类效度是相互联系的，一个好的测评通常可以用一种或一种以上的效度来表示。本书测验量表的结构效度。结构效度通常采用因子分析方法加以评价，通过 KMO 适当性参数检验和 Bartlett 球形检验来判断总量表的有效性，其中，KMO 是 Kaiser-Meyer-Olkin 的抽样适当性量数，表示变量间的公共因素数。Bartlett 球形检验可用来检验变量之间彼此独立的假设，即总体相关矩阵是单位矩阵这一假设。本研究使用 SPSS17.0 中的因子分析法对量表进行结构效度检验，效度检验 KMO 值为 0.922，Bartlett 球形检验显示近似卡方值为 1808.268，检验显著性水平为 0.000，因此，17个指标间存在明显相关。

为了进一步检验本书所构建的网络购物平台商品质量管控能力指标体系中四个一级指标划分得是否合理，针对四个维度（信任、信息展示和沟通、产品诊断、社会存在）分别进行结构效度检验，检验结果见表 5-1。四个维

度下所提取的因子数均为 1，KMO 值均大于 0.6，显著性水平（P 值）均为 0.000。由于样本充足度的测量大于或等于 0.6 就是可接受的，因此，四个一级指标足以能够表征网络购物平台商品质量管控能力。表 5-2 中四个一级指标的特征值均大于 1，因此是显著的，而且四个维度在单一因子层面的因子载荷均大于 0.6，所构建的量表具有较好的结构效度。

表5-1　四个一级指标的因子分析及 α 系数

一级指标	二级指标数	提取因子数	*KMO*	特征值	*P* 值	α 系数
信任	5	1	0.764	2.364	0.000	0.764
信息展示和沟通	4	1	0.689	2.078	0.000	0.671
产品诊断	3	1	0.672	2.078	0.000	0.778
社会存在	5	1	0.811	2.864	0.000	0.813

表5-2　单一因子层面因子载荷

一级指标	二级指标数	指标 1	指标 2	指标 3	指标 4	指标 5
信任	5	0.831	0.800	0.681	0.754	0.762
信息展示和沟通	4	0.805	0.792	0.711	0.615	—
产品诊断	3	0.878	0.830	0.787	—	—
社会存在	5	0.805	0.774	0.772	0.716	0.714

3. 评价过程及结果

模糊综合评价法是一个从底层指标模糊评价逐级向上的循环评价过程，只要获得了各个层级的单因素评价矩阵和其相应的权重向量，就可以得到任何指标集合的评价结果和最终结果。图 5-5 展示了二层次模糊综合评价逐级向上的评价过程。

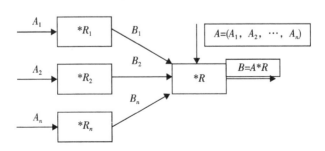

图5-5　二层次模糊综合评价过程

一级模糊综合评价进行单因素模糊评价，建立单因素评价矩阵。对因素集 U 中某个单因素 $u_i(i=1,2,\cdots,m)$ 做单因素评价，从因素 u_i 确定该因素对评语集 $v_i(i=1,2,\cdots,m)$ 的隶属度从而得出第 i 个因素 u_i 的单因素评价集 $r_i = \{r_{i1},r_{i2},\cdots,r_{im}\}$。

隶属度表示某一指标属于某一评语等级的程度，本书根据实证数据使用模糊统计法确定所有二级指标的隶属度（见表5-3）。具体而言，就是用属于某一评语等级的人数占总人数的百分比来确定指标相对于评语等级的隶属度。

表5-3　二级指标隶属度

指标	1		2		3		4		5	
	人数	比重	人数	比重	人数	比重	人数	比重	人数	比重
在线评价系统—评价得分	0	0.000	15	0.039	80	0.208	239	0.622	50	0.130
在线评价系统—文字评价	0	0.000	18	0.047	100	0.260	201	0.523	65	0.169
在线商盟	2	0.005	11	0.029	85	0.221	209	0.544	77	0.201
合作方声誉	2	0.005	24	0.063	103	0.268	194	0.505	61	0.159
第三方担保支付	0	0.000	8	0.021	74	0.193	135	0.352	167	0.435
网站的展示技术	0	0.000	12	0.031	73	0.190	201	0.523	98	0.255
商品的展示格式规定	0	0.000	5	0.013	71	0.185	222	0.578	86	0.224
买卖方沟通方式	0	0.000	8	0.021	64	0.167	171	0.445	141	0.367
商品质量功能搜索	9	0.023	16	0.042	90	0.234	207	0.539	62	0.161
第三方质量检验	6	0.016	23	0.060	123	0.320	170	0.443	62	0.161
网络购物平台的质量抽检	8	0.021	39	0.102	106	0.276	167	0.435	64	0.167
商品试用机制	8	0.021	12	0.031	79	0.206	190	0.495	95	0.247
违规欺诈行为的惩罚	9	0.023	38	0.099	97	0.253	178	0.464	62	0.161

续表

指标	1		2		3		4		5	
	人数	比重	人数	比重	人数	比重	人数	比重	人数	比重
卖方准入	9	0.023	29	0.076	123	0.320	161	0.419	62	0.161
质量保证及承诺	5	0.013	18	0.047	97	0.253	181	0.471	83	0.216
物流保障	6	0.016	18	0.047	65	0.169	202	0.526	93	0.242
线下服务	5	0.013	15	0.039	91	0.237	196	0.510	77	0.201

注："人数"表示对网络购物平台的商品质量的评价结果人数，"比重"表示占评价总人数（384）的比重，该数据在计算时进行了四舍五入，总和有可能不为1。

4. 一级指标评价矩阵及评价得分

一级指标（准则层）每一因素的单因素评价，应是其决定的指标层全部因素的多因素综合评价结果。指标层的单因素评判矩阵为

$$R = \begin{bmatrix} r_{11} & r_{12} & \cdots & r_{1n} \\ r_{21} & r_{22} & \cdots & r_{2n} \\ \vdots & \vdots & & \vdots \\ r_{m1} & r_{m2} & \cdots & r_{mn} \end{bmatrix}$$

将同一级别的所有指标对评语等级的隶属度放到一个矩阵中，得到模糊关系矩阵，进而使用模糊合成算法计算四个一级指标的评价得分。模糊合成算法有几种形式，本书在评价商品质量管控能力指标时没有对哪个指标存在偏好，需要在保留所有信息的基础上进行运算，因此选择模型（·，+）。该模型为加权平均型的综合评价，"·"表示普通乘法，"+"表示普通加法，此模型考虑了所有因素的影响，依权重的大小对所有因素均衡兼顾。

各一级指标的评价矩阵及评价得分计算如下。

（1）信任

模糊权重向量 A 和模糊关系矩阵 R 的合成过程如下所示：

$$A * R = \begin{bmatrix} a_1 & a_2 & \cdots & a_m \end{bmatrix} * \begin{bmatrix} r_{11} & r_{12} & \cdots & r_{1n} \\ r_{21} & r_{22} & \cdots & r_{2n} \\ \vdots & \vdots & & \vdots \\ r_{m1} & r_{m2} & \cdots & r_{mn} \end{bmatrix} = \begin{pmatrix} b_1 & b_2 & \cdots & b_n \end{pmatrix} = B$$

因此，信任 U_1 的模糊关系矩阵为

$$\boldsymbol{R}_{U_1} = \begin{bmatrix} 0 & 0.039 & 0.208 & 0.622 & 0.130 \\ 0 & 0.047 & 0.260 & 0.523 & 0.169 \\ 0.005 & 0.029 & 0.221 & 0.544 & 0.201 \\ 0.005 & 0.063 & 0.268 & 0.505 & 0.159 \\ 0 & 0.021 & 0.193 & 0.352 & 0.435 \end{bmatrix}$$

模糊权重向量为

$$\boldsymbol{A}_{U_1} = \begin{bmatrix} 0.224 & 0.304 & 0.128 & 0.177 & 0.167 \end{bmatrix}$$

因此，信任的综合评价向量为

$$\boldsymbol{B}_{U_1} = \boldsymbol{A}_{U_1} * \boldsymbol{R}_{U_1} = \begin{bmatrix} 0.001 & 0.041 & 0.235 & 0.516 & 0.207 \end{bmatrix}$$

信任的综合得分为

$$U_1 = \boldsymbol{B}_{U_1} * \boldsymbol{V}^{\mathrm{T}} = 3.887$$

（2）信息展示和沟通

信息展示和沟通 U_2 的模糊关系矩阵为

$$\boldsymbol{R}_{U_2} = \begin{bmatrix} 0 & 0.031 & 0.190 & 0.523 & 0.255 \\ 0 & 0.013 & 0.185 & 0.578 & 0.224 \\ 0 & 0.021 & 0.167 & 0.445 & 0.367 \\ 0.023 & 0.042 & 0.234 & 0.539 & 0.161 \end{bmatrix}$$

模糊权重向量为

$$\boldsymbol{A}_{U_2} = \begin{bmatrix} 0.282 & 0.201 & 0.269 & 0.248 \end{bmatrix}$$

因此，信息展示和沟通的综合评价向量为

$$\boldsymbol{B}_{U_2} = \boldsymbol{A}_{U_2} * \boldsymbol{R}_{U_2} = \begin{bmatrix} 0.006 & 0.027 & 0.193 & 0.517 & 0.257 \end{bmatrix}$$

信息展示和沟通的综合得分为

$$U_2 = \boldsymbol{B}_{U_2} * \boldsymbol{V}^{\mathrm{T}} = 3.991$$

（3）产品诊断

产品诊断 U_3 的模糊关系矩阵为

$$\boldsymbol{R}_{U_3} = \begin{bmatrix} 0.016 & 0.060 & 0.320 & 0.443 & 0.161 \\ 0.021 & 0.102 & 0.276 & 0.435 & 0.167 \\ 0.021 & 0.031 & 0.206 & 0.495 & 0.247 \end{bmatrix}$$

模糊权重向量为

$$\boldsymbol{A}_{U_3} = \begin{bmatrix} 0.409 & 0.289 & 0.303 \end{bmatrix}$$

因此，产品诊断的综合评价向量为

$$\boldsymbol{B}_{U_3} = \boldsymbol{A}_{U_3} * \boldsymbol{R}_{U_3} = \begin{bmatrix} 0.018 & 0.064 & 0.273 & 0.456 & 0.190 \end{bmatrix}$$

产品诊断的综合得分为

$$U_3 = \boldsymbol{B}_{U_3} * \boldsymbol{V}^{\mathrm{T}} = 3.735$$

（4）社会存在

社会存在 U_4 的模糊关系矩阵为

$$\boldsymbol{R}_{U_4} = \begin{bmatrix} 0.023 & 0.099 & 0.253 & 0.464 & 0.161 \\ 0.023 & 0.076 & 0.320 & 0.419 & 0.161 \\ 0.013 & 0.047 & 0.253 & 0.471 & 0.216 \\ 0.016 & 0.047 & 0.169 & 0.526 & 0.242 \\ 0.013 & 0.039 & 0.237 & 0.510 & 0.201 \end{bmatrix}$$

模糊权重向量为

$$\boldsymbol{A}_{U_4} = \begin{bmatrix} 0.288 & 0.231 & 0.239 & 0.149 & 0.092 \end{bmatrix}$$

因此，社会存在的综合评价向量为

$$\boldsymbol{B}_{U_4} = \boldsymbol{A}_{U_4} * \boldsymbol{R}_{U_4} = [0.019 \quad 0.068 \quad 0.255 \quad 0.468 \quad 0.191]$$

社会存在的综合得分为

$$U_4 = \boldsymbol{B}_{U_4} * \boldsymbol{V}^{\mathrm{T}} = 3.745$$

5. 目标层评价

逐级向上进行模糊综合评价。已知网络购物商品质量 U 的模糊权重向量为

$$\boldsymbol{A} = [0.363 \quad 0.226 \quad 0.198 \quad 0.213]$$

由 $\boldsymbol{B}_{U_1}$，$\boldsymbol{B}_{U_2}$，$\boldsymbol{B}_{U_3}$，$\boldsymbol{B}_{U_4}$ 形成二级模糊评价的隶属关系矩阵 $\boldsymbol{B}$，即

$$\boldsymbol{B} = \begin{bmatrix} 0.001 & 0.041 & 0.235 & 0.516 & 0.207 \\ 0.006 & 0.027 & 0.193 & 0.517 & 0.257 \\ 0.018 & 0.064 & 0.273 & 0.456 & 0.190 \\ 0.019 & 0.068 & 0.255 & 0.468 & 0.191 \end{bmatrix}$$

$$\boldsymbol{W}_U = \boldsymbol{A} * \boldsymbol{B} = [0.009 \quad 0.048 \quad 0.237 \quad 0.494 \quad 0.211]$$

因此，网络购物商品质量的综合得分为

$$U = \boldsymbol{W}_U * \boldsymbol{V}^{\mathrm{T}} = 3.850$$

根据模糊综合评价的结果，淘宝网商品质量管控能力的综合得分为 3.850，为良好。一级指标信任、信息展示和沟通、产品诊断和社会存在的得分也都为 3.5~4 分，均为良好。

5.1.2 四分图模型评价

前文通过模糊综合评价方法得出了淘宝网网络购物商品质量管控能力以及四个一级指标（信任、信息展示和沟通、产品诊断和社会存在）的综合得分。但模糊综合评价无法针对 17 个二级指标进行更详尽的分析，因此，接下来结合四分图模型对网络购物商品质量管控指标体系中的 17 项二级指标展开评价。

1. 四分图模型

四分图模型又称重要因素—绩效分析模型（importance-performance analysis），它是一种偏于定性研究的诊断模型。在有关顾客满意度测评和质量管理领域的研究中，它常被用来识别重要因素的优先顺序或质量差距。它将重要度和绩效（或满意度）放在一个矩阵中（见图5-6），有利于直观地分析哪些因素需要重点关注和解决，哪些因素需要更多的资源。

图5-6　四分图模型

其中，A区——优势区（高重要性、高满意度），指标分布在该区域时，表示对顾客来说，这些因素是重要的关键性因素，顾客对这些因素的满意度评价或绩效水平也较高，这些优势因素需要继续保持并发扬，使之成为自己的优势产品；B区——修补区（高重要性、低满意度），指标分布在该区域时，表示这些因素对顾客来说是重要的，但当前企业在这些方面的绩效表现比较差，或顾客满意度评价较低，需要重点修补、改进；C区——机会区（低重要性、低满意度），指标分布在该区域时，表示这一部分因素对顾客不是最重要的，同时满意度评价或绩效也较低，但对企业的影响并不很大，因此不是现在最急需解决的问题，没有必要投入大量的精力，可以暂时将其忽略；D区——维持区（低重要性、高满意度），满意度评价或绩效较高，但对顾客来说不是最重要的因素，属于次要优势（又称锦上添花因素），对于这些因素，一方面企业可以注意发挥这些因素的优势，另一方面由于其对企业当前的实际作用不大，从企业资源的有效分配考虑，可以暂缓改进。

2. 评价结果

根据实证调研的数据，表5-4列出了二级指标的重要度及评价得分，其中重要度即第4章层次分析法计算得出的二级指标的权重，评价得分为参与调查的买卖双方对二级指标的评价结果的几何平均分。

表5-4　二级指标的重要度及评价得分

指标	重要度	评价得分
在线信誉反馈系统—量化分数 u_{11}	0.081	3.842
在线信誉反馈系统—文字评论 u_{12}	0.111	3.814
在线商盟 u_{13}	0.047	3.913
合作方声誉 u_{14}	0.064	3.751
第三方担保支付 u_{15}	0.061	4.202
网站的展示技术 u_{21}	0.064	4.004
商品的展示格式规定 u_{22}	0.045	4.016
买卖方沟通方式 u_{23}	0.061	4.162
商品质量搜索功能 u_{24}	0.056	3.771
第三方质量检验 u_{31}	0.081	3.676
网络购物平台质量抽检 u_{32}	0.057	3.625
产品试用 u_{33}	0.060	3.921
违规欺诈行为的惩罚 u_{41}	0.061	3.640
卖方准入 u_{42}	0.049	3.621
质量保证及承诺 u_{43}	0.051	3.834
物流保障 u_{44}	0.032	3.929
线下服务 u_{45}	0.020	3.850

　　根据表5-4的数据，使用 Matlab 绘制了四分图模型（见图5-7）。从图中可以看出，第三方担保支付、网站的展示技术、买卖方沟通方式、产品

试用处于优势区，重要度较高，买卖双方的评价也比较高，应继续保持并发扬。在线信誉反馈系统—量化分数、在线信誉反馈系统—文字评论、合作方声誉、第三方质量检验、违规欺诈行为的惩罚处于修补区，重要度较高，但评价相对而言比较低，应重点修补和改进。商品质量搜索功能、卖方准入、质量保证及承诺、网络购物平台质量抽检、线下服务位于机会区，重要度和评价都比较低，说明这些因素相较而言并不重要，不是目前亟待解决的问题。而在线商盟、商品的展示格式规定、物流保障位于维持区，重要度较低，但评价较高，可以注意发挥其优势，但在资源有限的情况下，可以暂缓这些因素的改进。

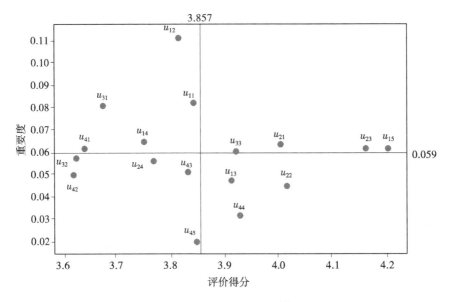

图5-7 二级指标四分图模型

5.1.3 评价结果分析

根据模糊综合评价和四分图模型对不同角度的评价结果进行分析，具体内容如下。

（1）淘宝网当前的商品质量管控水平整体表现良好。

作为我国网络购物行业的龙头企业，淘宝网的综合商品质量管控能力得分为良好，4个一级指标信任、信息展示和沟通、产品诊断和社会存在的得分均为良好。由此可以看出，淘宝网自2010年以来加强商品质量管控，改进已有的管控措施，并陆续推出了多项新的管控形式，这些举措取得了一定成效，以信用炒作为主的违规欺诈行为得到了有效的遏制。

（2）在线信誉反馈系统等管控措施仍需持续改进。

相较而言，淘宝网亟须改进的商品质量管控措施为在线信誉反馈系统（包括量化分数及文字评论）、合作方声誉、第三方质量检验、网络购物平台的质量抽检和对违规欺诈行为的惩罚。针对淘宝网在线信誉反馈系统的信用炒作现象虽然有所遏制，但在新闻报道或论坛讨论中仍有此类行为的曝光，与之前相比，更加隐蔽，甚至存在淘宝内部员工（"小二"）参与的现象；对于新推出的第三方质量检验也开始显现出漏洞，并被不诚信卖方所利用；淘宝网的质量抽检虽从一定程度上弥补了政府监管机构承担该职责方面的缺位，但对抽检中发现对违规欺诈卖方及其行为的惩罚不足，未形成长效机制。从这些现象可以看出，淘宝网对在线信誉反馈系统（包括量化分数及文字评论）、合作方声誉、第三方质量检验、网络购物平台质量抽检和违规欺诈行为的惩罚等方面仍需持续改进。

（3）应重视位于机会区的各项管控措施。

位于机会区的商品质量搜索功能、卖方准入、质量保证及承诺、线下服务等因素虽不是当前亟待解决的，但我国的网络购物市场发展迅猛，市场环境的变化日新月异，今天看似微小的因素明天也有可能一跃成为决定生死的关键因素。网络购物市场线上线下的融合、购物终端掌上化等趋势必将影响网络购物商品质量管控的变迁。因此，淘宝网应对位于机会区的各项管控措施进行储备，才能在激烈的竞争中保持优势地位。

（4）保持并发扬优势区因素，可暂缓改进维持区因素。

第三方担保支付、网站的展示技术、买卖方沟通方式和产品试用等因素，其重要度及评价都较高，应继续保持并发扬；在线商盟、商品的展示格式规定、物流保障等因素位于维持区，在资源有限的情况下，可以暂缓这些因素的改进。值得注意的是，此处的讨论是根据对淘宝网的商品质量管控能力进行评价后的建议，而作为网络购物平台，商品质量和服务质量是同时都要关注的，根据上述结论，"物流保障"在淘宝网的商品质量管控能力指标体系中处于维持区，但这只是针对它的商品质量管控目标而言，在其服务质量指标体系中，物流保障可能是非常重要的因素。

5.2 在线新闻评论研究

5.2.1 新闻评论及其背景

　　2015 年伊始，淘宝网与国家工商行政管理总局（以下简称工商总局）之间的争执将网络购物中出售"假冒伪劣"商品的问题再次以浓墨重彩的方式展现在人们面前——2015 年 1 月 23 日，工商总局发布了 2014 年下半年网络交易商品定向监测结果，淘宝网、京东商城、天猫、1 号店等电子商务平台的正品率平均为 58.7%，其中淘宝网的正品率最低，仅为 37.25%。1 月 27 日下午，一名 80 后淘宝网运营"小二"发表公开信，指出工商总局的报告存在抽样太少、逻辑混乱、程序违规等问题。当晚，工商总局发言人做出回应，表示加强网络市场监管为工商总局的法定职责，其网络商品交易监管司一贯秉持依法行政的原则，积极开展网络市场监管执法工作。1 月 28 日，工商总局反攻，首次公布 2014 年《关于阿里巴巴集团进行行政指导工作情况的白皮书》，指出阿里系网络交易平台在管理方面存在许多问题，并对阿里巴巴集团做出工作要求。1 月 28 日下午，淘宝网发表声明，欢迎公平公正的监管，但反对不作为、乱作为、恶作为，淘宝决定针对监管程序失当的行为正式投诉。

　　以上新闻的发布以及淘宝网和工商总局针尖对麦芒式的争执和对话，引来了网民的热议。国内外媒体对此事件也争相报道，长篇累牍的在线新闻和报道引发了大量网民的跟帖评论。有些人认为淘宝网上假货横行，理应受到相应的惩罚；有的人则认为近年来淘宝网在治理假货方面有所成效，工商总局等政府监管机构应当更多地承担起商品质量监管的责任。总而言之，对于淘宝网上的商品质量状况，尽管各相关方拥有共识——淘宝网上存在假冒伪劣商品交易，但并没有一个量化数据可以让相关方都能接受。各方评价不一，网民作为网上购物的主要消费者，他们的评论代表着消费者的心声。本研究通过摘取大量新闻评论文本，利用文本分析法挖掘数据，从而深入探析消费者对淘宝网商品质量和监管的态度。

5.2.2　研究方法及过程

1. 基于网络文本分析法的在线评论研究

近年来，多重互动关联的用户所创造的大数据正在逐渐成为学术研究的新平台，具体而言，很多研究使用新闻评论、购物评论、旅游评论等在线评论研究网络舆情、消费者心理、行为和态度等，它们往往选择网络文本分析法展开。网络文本分析法源自内容分析法，是一种通过提炼网上文本的中心思想开展相关主题的分析方法。使用网络文本分析法研究在线评论从某种程度上可以直接或间接地折射出了网民对新闻议题的态度、社会价值观及其身份认同感。

文本分析的过程简言之就是提取文本数据中的文本特征值，采用各种数据分析的方法获取隐藏在文本数据内的信息，转换为易于人们理解与熟知的信息。通常，文本分析的具体流程（见图 5-8）分为以下几步：①收集文本数据，即网页源数据；②对网页源数据进行预处理，预处理就是从网页的评论中去除跟文本分析无关的标记，将其转化为统一的 TXT 格式文本数据，把中文文本数据转化为计算机所能识别的数据形式；③在提取完文本的特征后，就可以利用数据挖掘的方法如分类、聚类、关联分析等建立分析目录；④通过研究员间的相互同意度求得信度，从而掌握研究的可行性；⑤对挖掘出来的结果进行分析，通过可视化、图形图像处理等技术来展示所挖掘出来的结果，便于用户理解和应用。

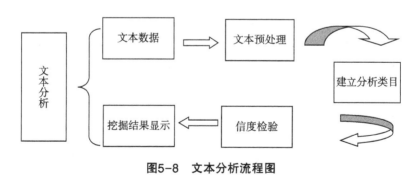

图5-8　文本分析流程图

本研究采用网络文本分析法，选取 2015 年 1 月 30 日腾讯科技的一篇新闻评论《外媒：阿里巴巴遭遇上市以来的巨大危机》，这篇新闻拥有海量的浏览和评论，本书依据评论时间从前往后抽取了自 2015 年 1 月 30 日至 2 月 2 日间的 338 条评论。

2. 文本内容预处理

为了使得研究数据更加易于被分析和理解，需要对原始的网页元数据进行预处理。其步骤如下：①剔除打广告的评论；②文本内容完整、连贯、语句通顺，排除语句不完整的评论；③为了方便研究，只选取记叙文，排除诗歌等其他形式的文本和纯粹使用照片作为评论内容的评论；④剔除带有强烈个人主观偏见的评论，如"我的店让他害惨了就差关门了，恨死他了。商场的人全上网骂他，我们骂死他!"经过以上筛选，本研究共得到 338 篇在线新闻评论，总字数达 12064 字。

3. 建构分析类目并编码

338 篇在线评论中包含 546 个句子，涉及不同的评价对象，按照涉及主体的不同，将评论分为"淘宝"和"工商总局"两个类目，其中涉及"淘宝"的评论句子为 394 条，涉及"工商总局"的评论句子有 152 条。通过对上述在线评论的仔细阅读，又将两个类目进一步细分，涉及"淘宝"的细分为"网民态度及心理""商品及服务特性""质量管控"，涉及"工商总局"的细分为"网民态度""质量监管"。

本研究的两位文本研究员在深入了解研究主题、研究方法、主类目和次类目内涵的基础上，对文本进行进一步提炼和编码。首先，合并同义词、近义词，为建立自定义词典做铺垫，如针对事件的同一方，将"马云""淘宝""阿里巴巴"统一为"淘宝"，将"假货泛滥""假货当道""假货横行"统一为"假货泛滥"，将"贪便宜""占便宜"统一为"贪便宜"；其次，剔除无相关部分，将中文标点、英文单词、时代代词、量词、表情符号等与内容分析无关的部分依次剔除；第三，建立自定义文本，在使用词频分析软件之前，参考文本内容建立一个包括评价对象（淘宝、工商总局）、评价内容的自定义词典；第四，构建过滤词表，将冠词（一个、一种）、代词（我、这里）、介词（在、从）、助词（的、得）等无益于了解网民对淘宝和工商总局冲突事件态度的词汇纳入过滤表中，实现文本过滤，过滤后的文本保存为".txt"文件；第五，使用 Rost content mining 软件进行分词，两名研究员独立编制高频词汇表。

4. 信度检验

信度分析是为了检验研究员间对同一样本评判的一致性程度。研究员间的交互判别信度为

$$R = \frac{n \times K}{1 + (n - 1) \times K} \qquad (5-1)$$

其中，R 是交互判别信度，n 是编码员数量，K 是研究员间的平均相互同意度。两位研究员的平均相互同意度计算公式为

$$K_{AB} = \frac{2\,M_{AB}}{N_A + N_B} \qquad (5-2)$$

其中，M_{AB} 是两位研究员编码结果完全相同的分析单元数，N_A 是研究员 A 编码的分析单元数，N_B 是研究员 B 编码的分析单元数。

根据公式（5-1）和公式（5-2）计算两位文本分析员的交互判别信度，0.8 以上的交互判别信度可接受，0.9 以上较好。由表 5-5 中各个词汇的交互判别信度可以看出，本研究中两位文本分析员的交互判别信度均在 0.9 以上，处于较好水平。

5. 类目频次统计

表 5-5 列出了评价淘宝和工商总局两个类目、有意义的高频词汇（频次低于 10 的词语未列示），由于已将淘宝和工商总局分为两个类目，出于研究需要，对频数占比分别进行统计。

表5-5　词汇评价频数

主类目	次类目	评价词汇	频数	频数占比	交互判别信度
淘宝	网民态度及心理	淘宝	413	39.00%	0.991
		贪便宜	52	4.91%	0.972
		支持	42	3.97%	0.912
		惩罚	40	3.78%	0.975
	商品及服务特性	假货泛滥	134	12.65%	0.988
		质量不错	44	4.15%	0.933
		购物便利	35	3.31%	0.975
		价格便宜	27	2.55%	0.942
		质量差	21	1.98%	0.968
		客服差	16	1.51%	0.928

主类目	次类目	评价词汇	频数	频数占比	交互判别信度
淘宝	质量管控	放任不管	53	5.00%	0.954
		可退货	48	4.53%	0.995
		投诉	33	3.12%	0.943
		维权难	29	2.74%	0.925
		刷好评	28	2.64%	0.959
		监管不力	15	1.42%	0.949
工商总局	网民态度	工商总局	131	23.19%	0.992
		政府	48	8.50%	0.889
		支持	62	10.97%	0.994
		失职	67	11.86%	0.992
		抽检程序不当	18	3.19%	0.983
	质量监管	监管不力	54	9.56%	0.996
		实体店假货	48	8.50%	0.983
		源头控制	41	7.26%	0.991
		监管责任	36	6.37%	0.987
		完善制度	27	4.78%	0.995
		保障消费者权益	13	2.30%	0.958

5.2.3 结果及讨论

本研究所收集的在线评论的发表者均在淘宝网上有过购物经历。通过以上高频词汇统计结果，下面深入探讨消费者对淘宝网商品质量现状的认识和质量管控的态度，以及消费者对工商总局网购商品质量监管的态度。

1. 消费者对淘宝网商品质量现状及质量管控的评价

如表5-5所示，在对淘宝的评价中，"网民态度及心理"次类目，评价主体"淘宝"的频数占比最高，为39.00%；"支持"（在该事件中支持淘宝）和"惩罚"（认为淘宝应该得到惩罚）的频数占比相差不大，分别为3.97%和3.78%；"贪便宜"（认为贪便宜是买到假货的原因）的频数占比为4.91%。"商品及服务特性"次类目中，"假货泛滥"的频数占比较高，为12.65%，"质量不错"的频数占比为4.15%，"质量差"的频数占比为1.98%，"购物便利"的频数占比为 3.31%，"价格便宜"的频数占比为 2.55%，"客服差"的频数占比为 1.51%。"质量管控"次类目中，"放任不管"的频数占比为 5.00%，"监管不力"的频数占比为 1.42%，"可退货"的频数占比为 4.53%，"投诉"的频数占比为 3.12%，"维权难"的频数占比为 2.74%，"刷好评"的频数占比为 2.64%。

（1）对淘宝网商品质量现状的评价

从上述结果可以看出，在对淘宝的评价中，高频词"假货泛滥"共出现 134 次，远高于其他高频词的占比，可以看出，很多消费者认为淘宝网上假冒伪劣商品是普遍存在的；当然也有一些消费者认为自己买到的商品质量还不错，"只要不贪小便宜就不会上当""不可能花 50 元买件李宁运动衣"，这一类消费者同样认为淘宝上存在假冒伪劣商品，但可以通过个人辨别、淘宝退换货服务、杜绝贪便宜的心理等方法避免损失。而且，关键词"质量不错"占比为 4.15%，证明很大一部分消费者通过自己背景知识的判断，能够在淘宝网上买到自己心仪的商品。通过对"天猫"关键词所在语句的分析，发现消费者对天猫所售商品的质量表现出了一定的认可。这是因为天猫的卖方准入条件更高，准入门槛的提高在很大程度上降低了假冒伪劣商品的流通。

消费者的以上观点在一定程度上折射出了当前淘宝网上商品质量的现状——假冒伪劣商品确实大量存在。但正如前文所论述的，其根源不仅源于网络信息不对称下的逆向选择，而且消费者贪便宜、虚荣等购买心理也加剧了市场上假冒伪劣商品的流通。随着近年来我国居民恩格尔系数的逐步降低，居民消费水平越来越高，消费观念和消费行为也越来越成熟，网络购物中买方贪便宜、虚荣购买这种现象有望得到缓解。

（2）消费者对淘宝网商品质量管控的态度

从表 5-5 对高频词的分析可以看出，消费者对淘宝、工商总局的支持和反对态度占比差不多，有的消费者在该事件中支持淘宝，认为淘宝让购物变得更便利，商品价格便宜，还可七天无理由退换货，而且线下实体店同样存在大量假冒伪劣商品，工商总局等政府监管机构应为此承担更多的商品质量监管责任，从源头控制假货。有的消费者则支持工商总局，认为淘宝对代刷好评、假冒伪劣商品泛滥等现象放任不管，投诉得不到适当处理，维权困难，应该为此受到惩罚。根据表 5-5，关键词"放任不管"占比为 5%，"监管不力"占比为 1.42%，将二者与对工商总局 11.86% 的"失职"和 9.56% 的"监管不力"进行比较，显然更多的观点认为，工商总局所代表的政府监管机构更应承担起构建品质网络购物大环境的职责。

因此，无论是淘宝网还是工商总局等政府监管机构都应该继续加强商品质量管控和监管。正如本书第 3 章介绍的网络购物商品质量三级管控体系，任何一个环节的弱化都会带来系统的不平衡，只有政府监管机构、网络购物平台和卖方分别致力于商品质量不确定性的缓解和质量提升等工作，才能共同打造高品质的网络购物系统。

当然，从评论中也可以看出，消费者作为非专业人士，并不拥有充足的背景知识，其观点难免存在偏颇、不全面的问题，如对于淘宝目前的商品质量管控手段，评论中略有涉及"可七天无理由退换货"，商盟制度、第三方质量检验、神秘买家抽检等均未提及，这也从另一个方面说明淘宝网此类管控手段应加强宣传和培训，让消费者更为主动地维护权益，避免受到假冒伪劣商品的侵害。

2. 消费者对工商总局网购商品质量监管的态度

在对工商总局的评价中，"网民态度"次类目，评价主体"工商总局"的频数占比最高，为 23.19%，"政府"的频数占比为 8.50%，"支持"（在该事件中支持工商总局）的频数占比为 10.97%，"失职"（认为工商总局失职）的频数占比为 11.86%，"抽检程序不当"的频数占比为 3.19%；"质量监管"次类目中，"监管不力"的频数占比为 9.56%，"实体店假货"的频数占比为 8.50%，"源头控制"的频数占比为 7.26%，"监管责任"的频数占比为 6.37%，"完善制度"的频数占比为 4.78%，"保障消费者权益"的频数占比为 2.30%。

■ **在线评论摘抄**

● 有一次我买到一款某国外品牌的假货，发现其中的条码和验证码全是假的，找到客服维权时，客服却要求我出示产地国的官方证明。

● 淘宝偏袒保护商家利益。我一个朋友是物业经理，他通过淘宝，买了一个自动闭门器，就是小区业主刷卡或者是在家给客人按开门键后，小区门自动打开了，然后再自动关闭的设备。淘宝商家说不需要客户端软件。我打电话给产品厂家的研发工程师询问，厂家工程师告诉我说，他们的产品随机带有一张光盘，里面有客户端软件和设备升级软件。我替朋友投诉到淘宝。淘宝小二回答我说，生产厂家技术工程师不了解产品性能，淘宝商家说的才是正确的。这就是马云纵容淘宝小二保护商家利益的实事。

- 关键是马云怎么跟政府监管部门更加完善监管制度，并将制度不打折扣地执行下去。一个集团越大就越复杂，尤其是一个第三方平台，一定要时刻保持大家所在的这个天平平衡，不能偏袒任一方，一旦失去平衡问题也就来了。也许集团内部员工存在玩忽职守、恃强凌弱的现象，这是难免的，林子大了什么鸟都有。

- 淘宝给我们的生活还是带来了许多便利！同时假货还是有的，本人曾经购买了一部山寨手机。

- 假货监控应由国家工商局管理，而不是一个平台的完全责任。应当有法可依，完善法律，让商家可以用法律便捷地维权，而这一切是国家法制建设应当承担的，全交由淘宝来承担，不是个笑话吗？我绝不是淘宝卖主，我想说的是，只是攻击淘宝并不能解决市场问题，而是要有一个渐渐完善的市场、法律机制来确保消费者和商家的利益。

- 淘宝可是支持七天退换货的，你不喜欢，觉得是假货，可以退货啊，卖家不答应，可以申请客服介入。

- 花 50 元买件李宁运动衣，最后说买到假货。这种类型的人，你是在掩耳盗铃吗？淘宝当然存在假货，实体店也有，你去实体店买的假货，回来后人家会让你退吗？

- 我还是喜欢在淘宝网买东西，因为那里可以货比多家，价钱不会被宰，买的时候可以问下，可不可以七天无条件退货，就算是假货也可以退回去的。

- 买到不喜欢和质量差的随时可以退换，想买什么一搜就有，不用逛街，选好就付款，买的时候买个运费险，淘宝这么维护买家，现在卖家都是需要七天无理由退换货的。

- 我一直在天猫买东西，我买的古筝都很棒，还有服装，这不刚刚在天猫买的东北大米，虽然有点贵，但吃起来的确好，味道很不错！

资料来源：节选并编辑自《外媒：阿里巴巴遭遇上市以来的巨大危机》，2015-01-30 腾讯科技。

第6章

网络购物平台商品质量管控演化过程及作用规律

"万物以自然为性，故可因而不可为，可通而不可执也。物有常性而造为之，故必败也。物有往来而执之，故必失矣。"网络购物平台在商品质量管控中遵循客观规律，奉行"一阴一阳、一张一弛"之道，必事半功倍。

如同事物发展的一般规律，我国网络购物平台商品质量管控措施也是由简单走向复杂，从最初较为单一的在线信誉反馈系统到信息展示技术的提高、沟通途径的便捷多样，直至商品质量保证承诺、商品质量检验与认证等举措的引进，逐渐向组合措施发展的。本章首先使用理论分析揭示了网络购物平台商品质量管控的演进过程，而第7章则进一步在竞争种群模型构建及仿真的基础上，探析了管控演进的内在机理及作用规律。

6.1 商业生态系统及电子商务生态系统相关研究

生态学研究范畴由从高到低的四个层次构成，依次为个体物种（species）、种群（population）、群落（community）和生态系统（ecosystem）。生态系统的概念是英国生态学家Tansley于1935年提出的，简单地说，生态系统就是一定空间内生物群落及其非生物环境形成的具有一定功能的整体。生态系统是在一定空间内达到一定稳定性的功能单位，由具有一定结构的群落、种群等生物物种成分和非生物成分通过物质循环和能量流动的相互作用、相互依存而构成的。在自然界中，只要在一定空间内存在的生物和非生物成分通过相互作用达到某种稳定的功能状态，即使存在的时间是短暂的，都可以视为一个生态系统。其范畴可从有明显边界的生态系统到空间复杂的景观、全球生态系统，时间的尺度可从秒到数千万年。把生态系统作为一个核心概念，可扩展至社会、文化、经济等不同领域的研究，而商业生态系统就是应用研究之一。

6.1.1　商业生态系统的概念及研究进展

1977 年，Hannan 和 Freeman 率先提出了组织生态和企业种群等概念，Moore 于 1993 年基于企业生态观视角正式提出了商业生态系统（business eco-system）的概念。他将商业生态系统定义为一种"基于组织互动的经济联合体"。后来，为了进一步明确商业生态系统的内在结构特征和演化机制，Moore 对该定义进行了扩展，认为"商业生态系统是一种由客户、供应商、主要生产商、投资商、贸易合作伙伴、标准制定机构、工会、政府、社会公共服务机构和其他利益相关者等具有一定利益关系的组织或群体构成的动态结构系统"。他借用自然生态系统的概念来描述市场中的企业活动，认为企业不再是孤军奋战的经营实体，而是商业生态系统的成员。在商业生态系统的背景下，企业不应一味追求战胜竞争对手，而应与竞争对手乃至整个商业生态系统共同演化。随后，商业生态系统理论受到学术界越来越多的关注，逐渐成为企业战略等领域的重要研究前沿。

继 Moore 的研究之后，其他学者也开始致力于商业生态系统研究，他们主要基于两种视角来界定商业生态系统的定义。第一种研究视角侧重于生态方面，主要的代表性文献是 Iansiti 和 Levin 于 2004 年的文献，他们提出运用生态学中的生态位概念来阐述商业生态系统的结构特征，并认为"商业生态系统由占据不同但彼此相关的生态位的企业所组成，一旦其中的一个生态位发生变化，其他生态位相应也会发生变化"。第二种研究视角侧重于网络方面。Peltoniemi 和 Vuori 在总结前人研究的基础上把商业生态系统定义为一种由具有一定关系的组织组成的动态结构。而 Zahra 和 Nambisan 则把商业生态系统看成是一种为企业提供资源、合作伙伴以及重要市场信息的网络。该领域的大部分学者还是把商业生态系统定义为由不同的组织种群构成的商业网络系统。

Moore 提出商业生态系统概念至今已 20 多年了，但商业生态系统研究仍是一个相对较不成熟的领域。现阶段对于商业生态系统的研究大部分还是停留在使用隐喻将生态学概念加以转化后，以不同于以往的视角运用于企业环境分析，或者只是对商业生态系统演化的表象分析，欠缺商业生态系统内部运行机制的深层次研究。

6.1.2 商业生态系统的结构及特点

1. 商业生态系统的结构

Moore 于 1996 年构建了一个典型的商业生态系统结构模型（见图 6-1）。根据这个模型，商业生态系统主要是由消费者、市场中介、供应商和企业构成，它们是生态系统的主要"物种"，除此之外，商业生态系统还包括一些主要"物种"的所有者、风险承担者和与权力相关的"物种"，如政府部门、消费者和供应商协会以及标准制定机构，另外还包括现有和潜在的竞争对手。从图 6-1 可以看出，商业生态系统明显大于一般意义上的企业网络，可以说是企业网络的一种扩展。

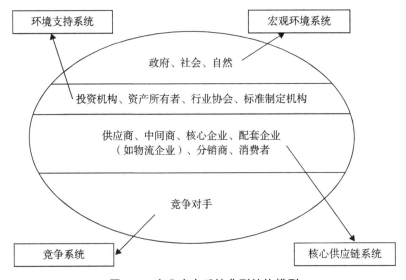

图6-1 商业生态系统典型结构模型

Garnsey 和 Leong 则认为，商业生态系统的边界非常模糊，且难以界定，而系统内部的演化也难以量化。因此，他们将企业所处的商业生态系统看作企业的直接交易环境，并且认为这种交易环境是由各种与企业具有资源交换或价值创造关系的组织构成的。图 6-2 显示了一种典型的商业生态系统内部企业的交互机制：企业在商业生态系统内部的交易伙伴包括价值链上游的分包商、供应商和下游的分销商、客户等，还包括企业所面对的竞争对手、合作伙伴（如研究机构、投资机构）、监管机构和劳动力市场等。把图6-1和图6-2结合起来可以看出，企业的直接和间接交易伙伴都可以包含在商业生态系统中。

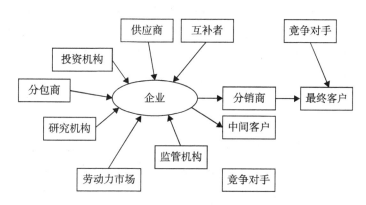

图6-2　商业生态系统典型结构模型

2. 商业生态系统的特点

由于商业生态系统是基于自然生态系统思想建立起来的，因而带有自然生态系统的某些特征，也具有商业经济系统的一些特征，同时，它又是一种复杂适应系统。具体来说，商业生态系统具有如下特点：

首先，商业生态系统的复杂性。商业生态系统具有整体性和开放性，并且具有复杂的结构，它由大量的处于不同层次的组分相互作用而构成。其生态系统因子由两部分组成：企业生物组分与企业非生物组分。企业生物组分是指企业之间可以建立企业联盟，企业的上下游可以构成企业生态链，相同性质的企业可以构成行业群落，同一地域的所有企业可以构成企业群落，企业群落与环境相互作用又构成区域商业生态系统，各个区域商业生态系统在其环境中相互作用才构成完整的商业生态系统。而企业非生物组分则包括了组成企业生态环境的生态因子：经济生态因子、社会生态因子与自然生态因子。经济生态因子构成经济子系统，其中又包括物质、人力、金融、资本这四种因子构成的子系统。

其次，商业生态系统发展的自组织性和种群主动调节适应性。商业生态系统的自组织现象主要体现在突变性和超循环。商业生态系统由于系统内部的相互作用而不断进化，子系统自身自催化，子系统之间交叉催化，自催化与交叉催化组合形成超循环系统。在临界点附近控制参数的微小改变导致系统状态明显地大幅度变化的现象，叫作突变。商业生态系统的质的飞跃靠的就是这种突变因子，当突变因子出现时，新的商业生态系统便产生或跃上新的一阶。商业生态系统是一种组合控制系统，就是开环控制系统和闭环控制系统混合起来构成的控制系统，它通过不断地反馈调节，维持系统的稳定状态。自然界生态系统自我维持和自我调控的能力是一种被动的调控，而商业生态系统虽然也具有一定的自我调控能力，但在物种间关系、物种间协调问题上还表现出了一种主动调节与适应的特点。

最后，商业生态系统的协同进化。商业生态系统进化的动力来源是系统内部各个子系统或要素间的竞争与协同。消费者需求是商业生态系统进化的诱导动力，技术进步是企业进化的内在动力，企业进化是商业生态系统的直接动力，商业生态环境的进化则是商业生态系统进化的外在动力。协同进化是商业生态系统的本质，也是商业生态系统进化的目标。协同进化强调合作但并不排除竞争，根据哈肯的协同论，竞争是系统演化最活跃的动力。一方面，竞争造成的差异为系统的自组织进化提供了条件（远离平衡态）；另一方面，竞争又推动系统有序发展。

6.1.3 电子商务生态系统相关研究

1. 电子商务生态系统的定义、构成及特点

（1）定义

电子商务生态系统是商务生态系统的一种，是由电子商务核心交易企业、金融服务企业、物流服务企业、政府等组织机构以联盟或虚拟合作等方式通过互联网平台分享资源而形成的一种有机的生态系统，其成员间各司其职、相互交织，形成完整的价值网络，物质、能量和信息通过这个价值网络在联合体内流动和循环，共同组成一个多要素、多侧面、多层次的错综复杂的商业生态系统。

（2）构成

胡岗岚等人认为，电子商务生态系统主要由领导种群、关键种群、支持种群、寄生种群等构成。领导种群即核心电子商务企业，是整个生态系统资源的领导者，通过提供平台以及监管服务，扮演电子商务生态系统中资源整合和协调的角色；关键种群即电子商务交易主体，包括消费者、零售商、生产商、专业供应商等，是电子商务生态系统其他物种所共同服务的"客户"；支持种群即网络交易必须依附的组织，包括物流公司、金融机构、电信服务

商以及相关政府机构等，这些种群并非依赖电子商务生态系统而生存，但它们可以从优化的电子商务生态系统中获取远超过依靠自己竞争力可得的利益；寄生种群即为网络交易提供增值服务的提供商等，包括网络营销服务商、技术外包商、电子商务咨询服务商等。这些物种寄生于电子商务生态系统之上，与电子商务生态系统共存亡。一个健康、有竞争力的电子商务生态系统，需要建立一定的协调机制，把不同的"物种"成员集成在一起，彼此之间展开良好的合作，最终实现电子商务各"物种"成员的生态共建、生态共生以及在此基础上的价值创造、价值共享和共同进化。而领导种群作为电子商务生态系统的核心企业，对生态系统资源整合和成员协调起到不可替代的作用，领导种群可以从关系、利益、信息、运作四个方面建立电子商务生态系统的协调机制，见表 6-1。

表6-1　电子商务生态系统协调机制

协调机制	协调问题	具体策略
关系协调	信任问题	基于契约、信任、知识共享的信任机制
利益协调	利益争夺问题	利益分配机制、激励约束机制
信息协调	信息不对称问题	产品服务质量标准制定、信息沟通网络和环境打造、保障体系、身份认证机制简历、信息发布平台和必要信息提供
运作协调	协作问题	种群培育、环境培育

阿里巴巴研究院的学者对淘宝网的电子商务生态系统进行了研究，认为淘宝网的电子商务生态系统由核心层、扩展层和相关层构成。核心层包括淘宝网、卖家和买家，它们是网络交易的主体。扩展层包括网络零售交易相关的金融支付机构、物流公司、保险公司、软件服务商、广告服务商、卖家供应商等，它们为网络零售交易提供支撑服务，对于促进网络零售交易顺利完成发挥着重要作用。相关层包括网络零售交易相关的政府部门、行业组织、教育和科研机构等，它们在特定条件下与相关的交易主体产生联系。除此之外，淘宝网商业系统还包括经济、技术、政策、法律、社会外部大环境。即淘宝网生态系统中包括生物物种和非生物生态因子，生物物种包括电子商务平台种群（Σa_i）、卖家种群（Σb_i）、买家种群（Σc_i）、供应商种群（Σd_i）、物流服务商种群（Σe_i）、软件服务商种群（Σf_i）、金融机构种群（Σg_i）等；非生物生态因子包括政策/法律生态因子（ΣP_i）、经济生态因子（ΣE_i）、社

会生态因子（ΣS_i）、技术生态因子（ΣT_i）等。用函数表达为：淘宝网生态系统$=F\{$生物物种（成员），非生物生态因子$\}=F(\Sigma a_i,\Sigma b_i,\Sigma c_i,\Sigma d_i,\Sigma e_i,\Sigma f_i,\Sigma g_i,\cdots,\Sigma P_i,\Sigma E_i,\Sigma S_i,\Sigma T_i,\cdots)$。

在淘宝网商业生态系统中，相关成员之间主要关系为：①淘宝网与卖家、买家之间是互利共生的关系。淘宝网发挥着平台作用，为卖家、买家提供信息管理、互动交流的平台，并集成了网络零售交易所需的相关服务，如支付、物流、软件、保险等，同时它也制定了共同的交易规则。淘宝网的功能增强和服务提升，有利于卖家和买家更好地进行网络交易。反之，卖家、买家规模的增长和商业能力的提升，有利于促进淘宝网的繁荣发展和稳步增长的收益。②买家与卖家之间是共生关系。买家规模的增长、购买能力的提高，将促进卖家的发展。反之，随着卖家商品数量的增加、服务水平和诚信水平的提高，也将增加对买家的吸引力。③同行卖家之间主要是竞争关系，但同时也存在共生关系。卖家各自努力从货源、服务、营销等方面形成自己的竞争优势，力图实现快速成长。但同时越来越多的卖家之间发展出广泛的、形式多样的合作与互惠行为。④买家之间大部分情况下是中立关系，但关系也日渐多样化。⑤扩展层中的主体与淘宝网是互利共生的关系。淘宝网通过集成支付、物流、软件、广告等服务增加对买家和买家的吸引力，而这些机构则在与淘宝网的合作中获取收益。⑥相关层与淘宝网存在着松散、复杂、多样化的关系。

（3）特点

与传统商业生态系统相比，电子商务生态系统具有以下三个鲜明的特点。第一，较高的系统更新率。电子商务作为一个新生却高速发展变化的产业，与传统商业生态系统的相对稳定不同，具有很强的不确定性，因此，从诞生、壮大到成熟的整个过程中一直存在较高的系统更新率。第二，核心企业的绝对领导地位。互联网所具有的网络效应使得强者更强，同时也使其产品或服务容易被习惯化，较易形成"赢者通吃"的局面。因此，在电子商务环境下，围绕一个核心电子商务企业的集群化现象明显，核心企业的绝对领导地位相对不易被推翻。第三，系统边界的高度模糊性。由于低信息共享成本、不受地域限制等互联网特点，电子商务生态系统可以围绕着客户的需要衍生各种与交易相关的其他服务，因此和一般商业生态系统固定于某一领域不同，以客户为导向的电子商务生态系统的边界具有高度模糊性。

2. 电子商务生态系统的进化

Moore 将商业生态系统的发展过程分为四个阶段：第一阶段，有特殊生存力的新的商业生态系统逐渐诞生并初具规模；第二阶段，商业生态系统通过抓住可利用的元素及相关产品和服务，吸收新增加的客户和风险承担者，扩充其范围和消费资源；第三阶段，随着商业共同体结构和协议变得稳定，共同体内部争夺领导权和利润日趋激烈，角色和资源会进行再定位和再分配；第四阶段，为了避免商业生态系统被新系统所替代，系统需要持续更新。同样地，电子商务生态系统也要经历形成、发展、成熟及衰退的逐步演化过程。胡岗岚等人将电子商务生态系统的演化划分为开拓、扩展、协调和进化四个阶段（见图6-3）。

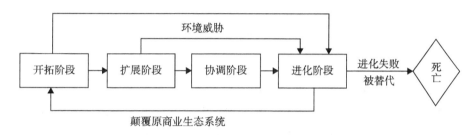

图6-3 电子商务生态系统演化路径

开拓阶段是指核心电子商务企业以某一特定群体为客户，通过创新的运营模式或高附加值的服务吸引必要的参与者共同创建形成新兴电子商务生态系统的过程。生命力强大的电子商务生态系统将在这一阶段生存下来并发展到一定的规模；随着系统核心种群自身的不断成长，以及关键种群的繁殖与支持种群的增长，系统规模在扩展阶段不断增长，寄生种群的物种逐渐涌现。同时，以不同领导种群为核心的同质生态系统之间的竞争开始升级，并将在这一阶段基本确定竞争格局；扩展阶段物种的快速增长使协调阶段各物种之间的利益关系越来越复杂，特别是关键物种之间以及寄生物种之间争夺利益的竞争和冲突日益明显。领导种群为维持系统的健康发展，需要对系统规则进行一定的调整与完善；当生态系统受到新模式、政策规定等外界环境变化的致命威胁时，系统将进入进化阶段，颠覆性地改变原有的模式，并进化为全新的电子商务生态系统。需要说明的是，由于电子商务产业不成熟造成的高环境威胁，电子商务生态系统在开拓阶段、扩展阶段和协调阶段都可能由于外界环境的突发变化直接进入进化阶段。

宋斐和盛振中从商业生态系统的演化视角，将淘宝网的发展历程分为三个阶段：第一是自然生长阶段，淘宝网根据用户需求陆续推出产品和服务，如为了促进交易能够更加安全和便捷，淘宝网推出了网络支付服务——支付宝；第二是有生态意识的阶段，随着交易量快速增长、用户规模不断扩大和用户需求日益多样化，淘宝网开始有意识地引入合作伙伴，共同为用户提供服务；第三是淘宝网有意识的生态建设阶段。随着阿里巴巴集团在 2007 年年末将集团战略确定为"建设电子商务基础设施，培育开放、协同、繁荣的电子商务生态系统"，淘宝网开始有意识地构建网络零售生态。

6.2 网络购物平台商品质量管控演化的理论分析

6.2.1 网络购物生态系统的演化过程

生命周期理论在经济管理学科的研究中经常被用到，它是由美国心理学家卡曼于 1966 年首先提出的，被应用于领导生命周期的刻画，后来被陆续运用到产品生命周期、产业生命周期等领域。本研究根据学者商业生态系统生命周期和电子商务生态系统生命周期的分析，将我国网络购物市场的发展划分为市场兴起、市场扩张、关系协调、持续进化四个阶段（见图 6-4）。

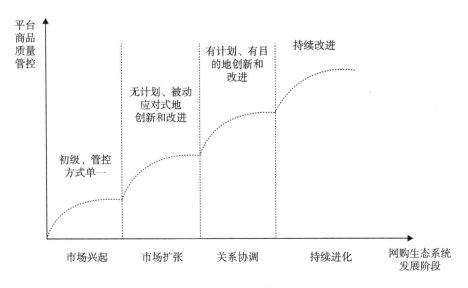

图6-4 网络购物生态系统的生命周期及商品质量管控演进

第一阶段是市场兴起阶段。在 20 世纪 90 年代末至 21 世纪初的几年中，易趣网、当当网、卓越网先后创立，标志着我国网络购物市场的兴起。当时由于存在物流、支付方面的瓶颈，买卖双方的数量、商品品类和商品数量都非常有限，买方多为爱尝试新鲜事物的年轻人，所关注的主要是网络购物过程本身所带来的新鲜感以及较为便宜的商品价格，对商品质量的期望并不高，也不是他们关注的重点，因此这一阶段的商品质量管控措施相对也较少，主要依靠网络购物平台的在线信誉反馈系统，买方将有过购买行为的消费者所反馈的质量信息作为外部线索并据此形成感知质量。此外，由于易趣模仿eBay 的商业模式，向卖方收取交易服务费，因此需要卖方认证，规定了一定的卖方准入条件。

第二阶段是市场扩张阶段。2002—2003 年，eBay 通过收购易趣进入中国，淘宝网投入运营并宣布免费服务，二者的竞争加之 2003 年受到突发事件非典的影响，促使我国的网络购物市场进入了快速发展的轨道。该阶段网络购物市场规模及用户规模快速增长，物流、支付等基础设施日益完善，买方需求更加多样化，卖方及商品品类和数量均呈爆发式增长，与此同时，商品质量问题以及因此而产生的消费投诉也逐渐增多。该阶段商品质量的管控以网络购物平台和卖方为主展开，所采取的手段除了日益改进的在线信誉反馈系统外，还引入了在线商盟、担保支付、线上沟通交流工具等。尽管网络购物平台和卖方在该阶段采取了一些商品质量管控措施，但各相关方的质量管控意识仍处于非自发、零散且无计划性的萌芽状态。

第三阶段是关系协调阶段。自 2007 年开始，网络购物市场进入爆发式增长阶段，2008 年市场交易规模突破千亿元大关，2007—2010 年其交易规模的增幅均达 100%以上，占社会消费品零售总额的比重逐年持续攀升，整个市场自组织、自发展的生态系统的特征愈发明显，几个旗舰企业构成了系统的核心，各主体建立起了较为稳定的关系网络，有稳定的合作伙伴，同时也随时有机会与其他主体建立联系。越来越多的生态种群（保险、银行、质检）加入进来，也催生了许多新的种群。但不可回避的是，频发的商品质量问题日益成为市场良性可持续发展的瓶颈，卖方信誉炒作和信誉共谋曾一度成为业界公开的秘密，网络购物平台在线信誉系统的可信赖性广受质疑，而与此同时，随着人们网络购物意识的成熟，买方对商品质量的期望提高了。由于上述原因，市场上商品质量的不确定性增强了，2011 年年初淘宝网甚至登上了美国年度"恶名市场"的名单。网络购物商品质量的三级管控体系正是在这种内外部压力之下逐步形成的。政府监管机构出台了实名认证等一系列政策法规来规范和监管市场运行；网络购物平台一方面加强或完善已有的商品质量管控措施，另一方面开始有目的、有计划地应用了全新的措施和方法；卖方则在政府监管机构和网络购物平台的监管和指导下开展各种商品质量保证的活动。

本研究认为中国网络购物发展的下一阶段，即第四阶段是持续进化阶段。其中进化的一个重要方向是与传统购物市场的加速竞合，该特征目前已初露端倪——网络购物平台通过自建物流系统、自建门店等方式将触角延伸至线下，而传统零售商则逐步建立和完善网购平台加入网络购物市场的竞争中，两个渠道的相互融合及因融合而产生的协同效应都成为一种必然趋势。在市场持续进化的过程中，商品质量管控体系也将不断发展和完善。

6.2.2 网络购物平台商品质量管控四阶段演化分析

根据图 6-4 所示的网络购物生态系统的四阶段演进过程，梳理现有文献、报刊、网络媒体等各方面资料，并结合对电子商务专家的访谈，下面对我国网络购物平台商品质量管控的演化情况展开理论分析。

1. 第一阶段

本阶段的网络购物平台主要以易趣网为主。易趣网于 1999 年由两位哈佛商学院毕业生邵亦波和谭海音模仿美国 eBay 的商业模式在上海创办，2001 年开始先后对卖家收取商品登录费和商品交易服务费。至 2003 年，易趣网占据了 C2C 市场 90%以上的市场份额。由于网络购物刚刚兴起，卖方主要是个人或小型零售商，买卖双方之间的信息还不能通过网络及时协调和交流，常常需要依赖网下的电话等传统方式。此时，易趣网所采取的商品质量管控机制主要有两种：一种是在线信誉反馈系统，另一种是卖方准入条件的设定。在线信誉反馈系统是模仿 eBay 的，评价分为好、中、差三等，"好"评价在信用累计中记 1 分，"中"记为 0 分，"差"则为-1 分，并按累计的声誉分对会员进行星级区别评价，买方依据信誉得分分离出商品质量信息。此外，针对我国当时金融支付的现状，易趣与国家安全机关和银行联合实现了身份证和信用卡的实名认证，国家安全机关和银行作为可信任的第三方提供卖方身份的认证。

2. 第二阶段

在该阶段的市场竞争中，淘宝网的出现打破了易趣几年来不温不火的局面。淘宝网于 2003 年 5 月 10 日上线，同时宣布免收服务费用，并先后推出了"支付宝"的担保交易服务和即时聊天工具"淘宝旺旺"。支付宝作为一种第三方付款担保，在很大程度上降低了网络购物中买方因为无法接触到商品而产生的对质量不确定性的感知，而淘宝旺旺不仅满足了中国人讨价还价的要求，而且增强了买卖双方沟通的方便性，买方可以借助该工具印证、询问卖方及商品的相关情况，加深对商品质量的认知。因此，尽管易趣调低了商品登录费、月租费，并且与 eBay 全面合作在国内推出支付工具 Paypal 和即时通信工具"易趣通"，但仍不可避免地被淘宝网逐渐抛在了身后。淘宝网推出仅一年后，其市场份额即超越易趣跃居网络购物市场的第一位，并将与第二名的差距越拉越大。

在这一阶段的初期，商品质量管控的主要手段是在线信誉反馈系统、第三方担保支付手段、商品质量信息的即时沟通（如淘宝旺旺）。淘宝网的在线信誉反馈系统与易趣有所不同，它将买卖行为分开评价，并且同一个买方反复在同一个卖方处购买可以多次加分，这种做法记录了重复购买行为，但同时也成为后来信誉炒作的漏洞所在。

由于淘宝网处于扩张规模收揽用户时期，对卖方基本上未设立准入限制，上传个人身份证即可。随着网络购物市场中用户规模、商品品类和数量的飞速增长，商品质量所带来的问题逐渐显现出来，针对在线信誉反馈系统的信誉炒作、刷钻现象开始出现，网购欺诈行为增多。淘宝网应对性地创立了在线商盟机制。淘宝网的在线商盟是具有营业执照的、不同等级或同等级的淘宝商家之间在某一领域结成的商业联盟。商家可根据行业、地区、合作类型三种主要方式自行结盟。通过建立商盟，商盟向买家发出一个明确的承诺：商盟成员提供的商品是高质量的；如果某一成员提供了低质量的商品，商盟将对其实施惩罚。因此，在线商盟可以看作一种商品质量保障机制，也可以看作一种在线信任的机制。

3. 第三阶段

在这个阶段，各主体商品质量不确定性越来越强。一方面是由于系统急速增长导致的混沌复杂性，另一方面主要源于在线信誉反馈系统的失效。如前所述，信用炒作行为在第二阶段已经出现，但仅是少数不诚信商家的个别行为，而自 2007 年开始，"刷钻"逐渐浮出水面为人所知，并愈演愈烈，形成了以卖家为中心的刷钻产业链。

在这种情况下，卖方和商品的信用得分已经不能作为商品质量的有效参考，单独依赖在线信誉反馈系统已经无法正确判断商家的真正信誉及其商品质量。为了阻止市场失效，淘宝网临时推出了一系列"消费者保障计划"。

2007 年年初，淘宝网推出第一期"先行赔付"，后又对其进行升级，陆续发布"7 天无理由退换货""假一赔三"等消费者保障服务。与此同时，其他网购网站易趣网、拍拍网也陆续跟进，易趣推出"品质保障"服务，拍拍网推出了"诚保计划"。2008 年下半年，淘宝网对"消费者保障计划"进行了第三期升级，包括数码与家电类目 30 天维修、古董珠宝类目保真、食品类目认证审核、奢侈品鉴定等举措。达到一定要求的卖方（设定了信用得分指标、投诉率指标、开店时间指标等）申请参与消费者保障计划，淘宝网对申请商家收取保证金用以赔付。同时，以 6 个月为周期计算积分，被扣分数达到一定额度将被强制退出消费者保障计划。作为配套方法，淘宝网还开发了安全稽查监控系统删除涉嫌炒作的信用积分。

政策干预往往具有时滞性，因此尽管淘宝网采取了上述一系列消费者保障计划，但刷钻产业链仍呈逐渐扩大的趋势，卖方骗取信用得分的行为并未得到有效遏制。对于不诚信卖家种群来说，只要刷钻带来的收益大于参与消费者保障计划的成本，就会继续进行；而对于诚信卖家种群，诚信守法的结果是丢失顾客，因而也转向刷钻这条不得已而为之的道路。在这种条件下，网络购物市场中的商品质量问题越来越突出，已成为制约行业进一步发展的重要瓶颈之一。据中国互联网络信息中心（CNNIC）2009 年的数据显示，网络购物满意度最低的四项因素中，商品质量排第一，只有 50.9% 的网民认为网络购物的商品质量有保障，49.1% 的网民对网购商品质量表示担忧。2009 年，315 消费电子投诉网统计显示，该网站共受理网络购物投诉 21657 宗，与 2008 年相比，同比增长了 248.58%，而同期网络购物交易额的增长率则为 105.2%。

2010 年被淘宝网定为"淘宝消费者年"，并进一步推出"消费者全网购物保障计划"，启动网购纠纷首问责任制，淘宝网承诺：只要在淘宝网网购出现交易纠纷，买家和卖家未达成有效协商的，淘宝网将一律先行垫赔消费者。即消费者不但在参加了消保计划的店铺购物时能得到保障，而且在淘宝网上任何一家店铺购物出现商品问题，淘宝网核实后将使用保障基金先行赔付。研究证明，淘宝网上述担保机制有效地起到了降低网络"柠檬"现象的作用，成为在线信誉系统的有效补充。

除了消费者保障计划，淘宝网于 2010—2011 年还调高了卖方准入的门槛，该举措一方面是响应国家法律法规的要求，另一方面也是淘宝网实施商品质量管控、降低对在线评价系统依赖的必然选择。根据国家工商总局《网络商品交易及有关服务行为管理暂行办法》中网店实名制的要求，淘宝网规定个人卖方必须进行身份证实名认证，并且需要提交真实的个人照片。B2C平台对卖方准入的限制则更为严格，必须提供最新年检的营业执照复印件、组织机构代码证复印件、税务登记证复印件、开户银行许可证复印件、质检报告复印件或产品质量合格证明等材料，化妆品、食品等品类还须提供其他资质清单。除此之外，在资金保障方面，淘宝网商城和京东商城均向入驻卖方收取几万元不等的保证金用于交易纠纷的赔偿或违约保障，此外还收取技术服务年费和交易费。卖方准入门槛的提高类似于传统零售商铺通过选择高信誉供应商来控制商品质量的手段，通过收取保证金、服务费和交易费来提高卖方欺诈的成本。

2011 年年初，美国贸易代表处公布了年度"恶名市场"名单，列出了全球 30 多个"帮助销售盗版及伪劣产品"的网络及实体市场，淘宝网赫然其中。与此同时，淘宝网上售卖假冒伪劣商品实践也屡次在中央电视台等主流媒体曝光。各种内外部压力促使淘宝网采取更加积极的商品质量管控措施。2011 年年初，淘宝网引入第三方商品质检服务，该项服务覆盖的产品品类已从鞋、床上用品扩展至服装、五金/工具、玩具等多个品类。目前在淘宝网上，第三方质检服务并非强制推行，但在淘宝商城（天猫）上则是卖方准入的必备项目。淘宝网规定，提供第三方质检服务的卖方需"在售前提供第三方质检报告证明其商品质量达到淘宝网商品质量标准，售中同意淘宝网进行商品抽检，售后允许淘宝网引入第三方质量检测机构质检报告作为裁决卖家和买家纠纷的重要依据"。除了引入第三方质检机构进行合作外，淘宝网自身也开始尝试性地担负起商品质量抽检的职能，2011 年年末淘宝网实施"神秘买家"抽检制度，由淘宝网内部员工或招募的买方志愿者购买疑似存在问题的卖方的商品，将买回的商品交给第三方质检机构鉴定，并对抽检结果进行公告和处理。

除了以上全新的商品质量管控措施，网络购物平台对已有的管控措施进行了适当的改进，如在线评论（也称电子口碑）、商品搜索、商品展示等方面。

如在商品搜索方面，买方购物时寻找商品的两条重要途径是：①通过商品导航到达；②通过搜索框输入想购买的商品到达。有研究发现，这两类的比例为导航到达占比的 8%，而通过文本搜索到达的占到了 92%。用户也可以根据购物需求定义个性化搜索，并可以按照综合、价格、信用、销售数量展示排序结果。因此，如何使买方在商品入口处即可找到高质量的商品，其中的关键是商品搜索排序的算法，它直接决定了哪些商家的哪些商品排在前面，是网络购物平台需要持续研究并提升的。以淘宝网为例，在2010年之前，其搜索排序依据四个因素：相关性、橱窗推荐位、消保标识、商品下架时间，2010年7月，淘宝网为了应对欺诈和作弊行为，调整商品搜索排序规则，加入了卖家的纠纷退款数、投诉数、动态评分等因素，并规定在信用和销量炒作、商品描述与实际不符等情况下会对相关商家的商品降低搜索和排序权重。该举措在一定程度上保证了诚信商家的商品排序在前。

此外，网络购物平台在这一阶段对商品的展示也进行了改进，主要包括两个方面：一方面是图片的立体化，当鼠标在商品图片上滑过时在旁边显示放大的细节图，并且允许卖方展示几幅不同角度的图片，买方可以近似360°地观察商品，弥补了过去仅展示单幅平面图片的缺陷；另一方面，网络购物平台根据不同的商品品类规范了商品信息填写格式，保证有关卖方和商品的信息量在网站上得到全面、充分的展示，缓解了质量的不确定性。例如淘宝商城上，在"商品详情"中根据不同商品品类规范了"产品参数"，有助于卖方逐项、无遗漏地介绍；在京东商城，除"规格参数"外，还有"包装清单""售后保障"选项供卖方填写。商品填写格式的规范能够使买方获得更为详细的商品内外部线索。

多方面的努力和整顿措施起到了一定成效，2012年12月美国将淘宝网从恶名市场名单中删除。但问题依旧比较严峻。CNNIC2012年的数据显示，用户网络购物最不满意的因素不再是商品质量问题，而是送货时间，占49.2%的比例，但接下来的第二位和第三位都与商品质量有关：第二位是感觉商品与网站宣传不一致，占49%；第三位是买到假冒伪劣产品，占23.3%。

4. 第四阶段

我国网络购物发展的下一阶段，即第四阶段是持续进化阶段。在这一阶段，网络购物平台的商品质量管控机制和措施的改进路径可从以下几个方面考虑。

（1）现有管控措施的改进

在线信誉系统虽然一度广受质疑，但仍然是网络购物中最重要的缓解商品质量不确定性的措施，应对其持续改进。如前文所述，在线信誉系统分为两种形式：一种是量化分数的形式；另一种是开放性的文字评价，在学术上称为在线评论或电子口碑。Pavlou和Dimoka证实了消费者在网络购物中除了考虑信誉得分之外，也考虑在线文本评论，尤其是在我国信誉炒作行为横行之时，在线评论更成为消费者购买决策的最主要因素。因此，网络购物平台加强了对在线评论的改进：一方面，激励买方撰写有价值的、可被参考的长评论；另一方面，在线评论的数量呈几何增长，针对评论中可能出现的信息过载的现象，网络购物平台将在线评论进行语义、聚类等分析将其标签化，使得买方更容易地获得关键商品信息（见图6-5），通过文本挖掘以及可视化等技术提高评论内容的总体观点质量。

图6-5　淘宝网在线评论语义分析

　　在第三阶段中，淘宝网于 2011 年引入第三方专业质检（专业的第三方质检服务商包括浙江省检验检疫科学技术研究院、中国检验认证集团、通标标准技术服务有限公司等）服务，该项服务运行初期，在一定程度上缓解了商品质量不确定性，加强了买方对卖方商品质量的信任，但"道高一尺，魔高一丈"，不久后又出现大量利用规则漏洞的第三方机构和商家，出现了诸如"检测机构不具备资质、抽检程序和方法不科学、送检商品与销售商品不一致"等问题。针对这些问题，淘宝网决定"于 2013 年 7 月 31 日关闭行业质检打标及单品质检打标服务，并进行统一去标，8 月 31 日统一解冻相关卖家质检保证金余额……将第三方质检转变为前后贯通、自主约定的'品质承诺+材质鉴定'模式"。品质承诺是指：卖家自主就商品材质跟消费者做出约定，如违约将承担约定的违约责任；而品质鉴定是指：消费者在因商品品质维权时，可以通过淘宝鉴定平台对商品进行质检，质检结果将成为维权证据。同时，卖家也可以自愿为消费者提供免费鉴定服务，作为消费保障和服务。尽管淘宝网已经取消了强制第三方质检，但其他网络购物平台（如京东商城）仍然在使用，而在淘宝网上也能搜索到很多第三方质检报告服务商。淘宝网由强制第三方质检到"品质承诺+材质鉴定"模式的变化反映了其网购商品质量管控机制改进、升级的具体实践。

对于违规欺诈行为的处罚，通常存在"有制度，无落实或落实不充分"的问题，如在淘宝网制定的《淘宝规则》中将商品描述不符、发布违禁信息、出售假冒商品、违背承诺等行为根据轻重不同划分为一般违规行为和严重违规行为，并规定了根据不同情况采取警告、限制发布商品、商品下架、商品搜索降权、支付违约金、店铺屏蔽、店铺监管、冻结账户、关闭店铺、查封账户等惩罚措施，但实际落实时却打了折扣。网络购物平台应进一步加大违规行为的处罚力度。

（2）创新型管控措施的引进实施

对平台上现有商家和商品的质量管控固然重要，但更为根本和可持续性的机制和措施是对更高质量商品及其商家的推介，从系统层面提升整个商业生态系统，实现其主动进化。例如在淘宝网的发展历史上，由原来的 C2C 平台延伸至 B2C 平台，产生了天猫平台，通过这次分化，淘宝网 C2C 集市与天猫两个子平台在商品质量方面自然分层，并分别承担了不同的功能，高质量子平台天猫得到了更多的认可，获取了更高的收益。

淘宝网另一个主动进化的事例是 2015 年"中国质造"频道的推出：淘宝网旨在利用"中国质造"频道推介我国各地优势产业中高品质的商家和商品，它与各地政府合作，首批试点的块状产业包括莆田鞋业、慈溪小家电、南浔木地板、桐乡蚕丝被、义乌饰品等，针对入驻"中国质造"频道的商家，实行严格的准入制度，与制造商签订品质保证书，联动地方质检、工商、公安等监管机构，对产品的生产、销售全链条联合监督，一旦卖家对质量问题进行投诉，阿里旗下零售平台将联动卖家对买家实行先行赔付。所有参加"中国质造"的店铺除了遵循平台要求的准入条件，列示工商登记、执照等信息外，还要接受 SGS 检验认证集团、中国检验认证集团等正规第三方机构的验厂。淘宝网打造"中国质造"的初衷是好的，一方面淘宝网希望借助此项目实现商业生态的进一步提升，另一方面也给遍布全国各地、聚焦产品品质的制造商提供了转型升级、打造品牌的机会。各地政府也积极配合和推动，2015 年 12 月 7 日，淘宝网"中国质造"在北京钓鱼台国宾馆举办的峰会，有23 个市的市长级人物赶来推广，声势不可谓不壮阔。但商业生态系统历来如此——有善必有恶，有道必有魔，跟刷钻产业链一样，很多中介机构又嗅到了商机，做起了为加入"中国质造"的厂商提供验厂、入驻的一条龙服务。根据我们的实证研究，从在线信誉评分和评论来看，2016 年"中国质造"商品品质大幅下降，2017 年淘宝网加强管控，如采取定期对入驻商家实地验厂认证、接受淘宝网的日常品质抽检并对不合格者清退等措施，2017 年信誉评分又有所上升（具体内容见后文对"中国质造"机制的研究）。

此外，网络购物平台利用新兴技术提升商品质量管控手段，如展开大数据打假。2017 年 1 月，阿里巴巴"大数据打假联盟"成立，目前，联盟已有宝洁、路易威登、玛氏、阿迪达斯、苏泊尔、小米等全球几十个知名品牌权利人入盟。该联盟致力于依托大数据和互联网技术展开打假行动，使用商业大脑、假货甄别模型、图像识别算法、语义识别算法、商品知识库、实时拦截体系、生物实人认证、大数据抽检模型等大数据方法展开打假行动。大数据打假技术可以通过商品样本库和数据库，对假货进行智能识别和追踪；也可以通过账号认证溯源、神秘抽检等方式，制成"打假地图"，让售假者无处遁形；一个强大的商品大脑可对平台上近 20 亿种商品进行识别，通过学习外部信息，发现侵害他人知识产权的行为并进行判断、处理；图像识别算法则可每日识别商品图片约 6 亿张，其中 OCR 识别（文字识别）每秒能扫描图片文字 23546287 个，相当于 501 本《康熙字典》，识别准确率达 97.6%；而语义识别算法则根据 OCR 识别出的文字，对文字背后的真实语义做分析和判断。更为关键的是，大数据挖掘的线索可以提供给相关执法机关，对制假售假行为实施全环节全链条查处，为假货的源头打击提供了有力支撑。例如，淘宝网起诉商家姚某出售假冒玛氏猫粮的"全国首例电商平台诉售假店铺案"胜诉，获赔 12 万元，该案入选 2017 年度人民法院十大民事行政案件、入围最高人民法院与中央电视台联合开展的"2017 推动法治进程十大案件"评选活动。借助这些技术，2017 年，在阿里巴巴平台上，消费者因怀疑买到假货而发起的退款比率为 0.0149%，较前一年下降了 29%。

■ 大数据打假优势

● 精细筛查，初期筛掉售假商家

阿里巴巴平台治理部钱磊表示："依靠智能识别和庞大的商品样本数据库对交易对象进行精细筛查，能够在初期就筛掉一些售假商家。如果在注册阶段我们发现商家以前卖过假货，评估信用是负面的，则开不了店。而即使能开店，只要上线卖了假货，平台也能通过大数据技术快速发现，并进行诸如关店等处理。"

● 预设特征，系统自动"抓取"假货

阿里巴巴平台治理部江洋说，目前的技术包括文本识别、行为识别、图像识别，会从多个维度对商品和卖家进行分析判断，涉及从卖家注册、开店、商品发布、交易、物流、售后一整个流程。例如，有的商品图片上印着"奢华手包""瑞士名表"等，其标价却远远低于市场价，就可以进行识别打击。"通过大数据处理平台和机器学习算法研究，均可以从中剥离出涉假信息。当一切都能被记录和进行对比分析时，售假者的行为就会被追踪得无处可藏。"

● 线下查假，多部门形成联动

发现假货线索之后，公安、质检、国知局等部门开展的线下打击就会启动。2017年7月17日，苏州市公安局破获公安部督办的"11·02制售假减肥药案"。据介绍该案线索就源于2016年10月阿里巴巴平台治理部的日常风控，打假大数据模型监测到一款名为"舒立轻"的减肥产品，通过神秘抽检，确认其含有国家明令禁止的西布曲明。

资料来源：电子商务研究中心 http://www.100ec.cn/detail--6319183.html.

■ 阿里巴巴2017年典型打假案件

案例一：特大假冒LV皮料案

2017年6月，阿里巴巴打假特战队与奢侈品牌LV合作，通过大数据研判，协助湖南永州警方斩断一条生产、物流、批发产业链。永州警方共调动60余名警力，对永州皮料生产工厂、广州花都物流、仓储点和广州白云皮料批发下家档口同时展开打击。共捣毁生产工厂1个、仓储窝点3个、批发销售窝点1个，抓获犯罪嫌疑人10余人，查获LV、GUCCI皮料共计350余卷，LV印花滚筒11支，涉案金额高达人民币2.16亿元。

案例二：苏州假冒康宝莱奶昔案

2017年11月1日，阿里巴巴打假特战队与美国康宝莱公司合作，协助苏州市公安局吴中分局一举端掉制售假冒康宝莱奶昔团伙，抓获21名犯罪嫌疑人，查获假康宝莱成品、半成品、原料近两吨，12人被刑拘，涉案金额2000万元以上。目前几名主犯已被检察院批准逮捕，案件仍在进一步审查中。

犯罪分子自行购买蛋白粉、饼干等原材料，混合灌装成所谓的"代餐奶昔"，经分销商发往全国，并在淘宝、拼多多等平台上售卖。

案例三：全国首例部督特大新型卷烟非法经营案

2017 年 10 月，在阿里巴巴打假特战队的数据支持下，浙江省宁波市公安局联合宁波市烟草专卖局，破获我国首例部督特大新型卷烟非法经营案。警方南下闽粤、北上京冀，在深圳、珠海、福清、海南、北京等地，抓获犯罪嫌疑人 13 名，成功打掉了 4 个犯罪层级，先后查获涉案烟弹 3500 余条及配套作案烟具，涉案金额达上亿元。

案例四：特大微商微整形假药案

2017 年，经过长达半年的调查，连云港市东海县公安局食药环侦大队在阿里巴巴大数据技术协助下，破获一起特大微商美容整形假药案。

目前警方已抓获 35 名嫌疑人，扣押玻尿酸、肉毒素、美白针、人胎素等为主的假药数十箱，涉案金额超过千万元。犯罪嫌疑人隐藏在 100 多个微商群中，将留学生、网红模特等数十名核心下线纳入魔下，从日韩走私美容整形假药，销往全国 31 个省市，流向没有正规医疗资质的美容院、黑诊所。

案例五：莆田跨境销售假冒运动鞋案

2017 年 7 月，在阿里巴巴大数据的支持下，莆田市警方仅用两周时间，成功捣毁一个自建英文网站，专供海外客户的跨境网络售假团伙，涉案金额达上千万元。犯罪团伙利用境外 IP 自建 11 个英文购物网站，假冒阿迪达斯、耐克等品牌运动鞋远销美国、意大利、瑞士、挪威等 16 个国家。客服人员熟练地用英语与海外客户通过微信英文版（Wechat）交流，用 EMS 快递进行假货商品的海外邮寄，通过西联、速汇金、中外宝等进行美元交易结算。

案例六：佛山假冒汽车配件案

2017 年 7 月，佛山市公安局三水分局借力阿里巴巴平台治理大数据技术，成功捣毁一条制售假冒汽车配件的犯罪链条，打掉 2 个犯罪团伙，抓获 14 名犯罪嫌疑人，涉案价值达 1000 多万元，涉及大众、别克、奥迪、福特、路虎等 10 多个知名汽车品牌。

案例七：青岛特大假冒奢侈品箱包集群案

2017 年 7 月至 9 月，青岛市公安局经侦支队经过 7 个多月的侦查，在阿里巴巴打假特战队的配合下，成功发起制售假网络涉及全国 13 省 17 市的制售假冒 "MCM" "Burberry" "LV" 等著名品牌箱包的全国集群战役。全国共立破案件 24 起, 刑拘 42 人, 取保 11 人, 捣毁生产、仓储、销售各类窝点 49 个, 缴获各类假冒注册商标的箱包及配件 118.89 万件, 涉案金额近 5.2 亿元。

案例八: 大连特大销售假冒伪劣红酒案

2017 年 6 月 16 日, 大连市公安局食药侦支队组调集警力 65 人, 在山东和大连同时收网, 打掉一生产、销售假冒红酒团伙。经估算该案涉案金额达 3 亿余元, 涉及全国广东、上海、湖北、武汉、广西、江苏、浙江等 15 省、23 市, 涉案人员多达 69 人, 现已刑拘批准逮捕 7 人。

案例九: 衡阳假冒减肥药案

2017 年 5 月至 9 月, 阿里巴巴打假特战队协助湖南省衡阳市警方, 破获公安部督办的特大生产销售有毒有害食品案, 捣毁生产源头、线下销售窝点 5 处, 查缴违禁添加物西布曲明 20 余千克、成品减肥胶囊 2630 多万粒、减肥茶包 3000 多万袋。案件涉及全国 20 余省, 涉案金额达 2 亿余元, 目前 8 人被公诉。

资料来源: 摘自搜狐新闻 2018.02.27. http://www.sohu.com/a/224284317_ 99936628.

从本质上讲, 电子商务是"商务"的一个组成部分, 因此, 网络购物生态系统发展下一阶段进化的一个重要方向是与传统购物市场的加速竞合 (近年来新零售的兴起就是这一发展方向的重要佐证), 线上线下的融合和联动有助于克服网络环境所固有的时空分离的情况, 从而有效地缓解网络购物的商品质量不确定性, 共同推动商品质量的提高。新零售的背景下, 在新技术的支持下, 可以将多方数据实现共享, "新零售"商完全可以在无边界零售的大前提下利用新技术打通线上线下, 随时追踪产品来源, 及时核实制造商及其产品的信息, 在最短时间内将不合格产品剔除, 以保证所经销商品在流通的各个环节质量一致。

(3) 创建覆盖整个平台的、追求优质商品的文化和氛围, 建立全员、全过程的商品质量管控体系

孔子曰: "道之以政, 齐之以刑, 民免而无耻; 道之以德, 齐之以礼, 有耻且格。"在他看来, 用道德教化感动人心, 要比一味地采用惩罚的管理手段收到更好的效果。在社会和系统治理中同样如此, 制度、管制属"阳", 具有

强制、刚性的一面，需要自发自省、柔性的属"阴"的文化氛围来互补。综合利用推动和拉动两种力量，共同促进网络购物系统中商品质量的提升。

　　因此，网络购物平台不仅要改进和创新网络购物商品质量管控机制和措施，还要培育和传播诚信、品质的文化观，让企业内部员工、卖方、买方、合作方等各相关方充分意识到商品质量是平台利润的重要贡献者，对于平台的运营具有至关重要的作用。

第 7 章

网络购物平台商品质量管控演化的内在机理

"阳动而行，阴止而藏；阳动而出，阴随而入；阳还终阴，阴极反阳。"诚信种群和不诚信种群在商品质量管控机制的约束下，此消彼长，相互博弈。

7.1　竞争种群动力学模型构建

唯物辩证法认为世间万物都是在不断运动、变化和发展的，事物的发展具有普遍性和客观性。在网络购物生态系统中，买方种群需求的变化是系统进化的诱导动力，领导种群及其他支持种群的进化是系统进化的直接动力，生态环境的进化则是系统进化的外在动力。在这些种群共同演化的推动下，我国的网络购物生态系统经历了市场兴起、市场扩张、关系协调的阶段，并处于持续进化阶段。在此过程中，网络购物平台的商品质量管控机制也在不断演进。前文分析了网络购物平台商品质量管控机制和管控措施的具体演化过程，下面将通过构建种群动力学模型来探析网络购物商品质量管控演进的内在机理及作用规律。

7.1.1　进化动力学及竞争种群动力学模型

1. 进化动力学的发展和基本内容

现代进化论的起源可追溯到 1809 年法国学者拉马克的《动物学哲学》一书中，在此书中拉马克率先提出了物种并非静止不动的观点，他认为进化是一种基本的、天生的因素，即生物具有一种朝着增加结构复杂性方向进化的趋势，并且将这些增加的复杂的结构遗传给下一代。1831 年，22 岁的达尔文开始了他的环球考察之旅，结合地质考察，达尔文提出了自己的基本理论：只要经过充分长的时间，一切都将改变。达尔文后来曾声明，他从创造论者到进化论者的转变就是发生在此次航行中，然而从那时到他发表物种起源的观点，中间相隔 20 年。进化是否发生过和进化是如何发生的这两个问题是截然不同的问题，当时达尔文认为其理论的细节还未完全搞清楚。后来，受到马尔萨斯《人口论》中关于争夺资源的不断竞争以及随之而来的为生存而斗争的观点的启发，达尔文意识到种群指数增长的严重后果，一旦资源受限，只有少数个体能够生存下来，"自然选择"这一科学概念在他脑海中出现，并以此为主要思想撰写并出版了《物种起源》，达尔文认为，进化变异的存在本质上是得到自我证明的，更为困难的问题是解释变异的机制，他认为自己所做出的最大共享就是对变异机制的解释，即主张自然选择是进化的机制。由于生物界中存在着大量的变异和巨大的繁殖力，不同的变种对生存斗争有不同的适应能力，因此自然对所有的变种都进行了选择，并且让最适应的生存下来。

进化动力学使用数学语言阐释生命进化过程。20 世纪 20 年代，Ronald Fisher、J. B. Haldane 和 Sewall Wright 将孟德尔遗传学和达尔文进化论结合起来，创建了数学生物学这一全新的学科，并从数学上精确地描述了进化、选择、突变等概念。此后，研究人员一直延续这种数学分析方法。直到 20 世纪 50 年代，Motoo Kimura 提出进化中性理论，他认为大多数遗传突变并不会对适合度造成严重影响。进化动力学的发展过程还经历了其他几个意义重大的里程碑。1964 年，William Hamilton 发现，自私基因的选择有利于促进在亲缘个体间产生利他行为。1973 年，John Maynard Smith 提出进化博弈理论（evolutionary game theory）。20 世纪 70 年代中期，Robert May 革命性地将数学方法引入生态学和流行病学中，Peter Taylor、Josef Hofbauer 和 Karl Sigmund 就复制方程展开了相关研究，奠定了进化博弈动力学（evolutionary game dynamics）的基础。在过去的半个世纪中，进化生物学发展势头迅猛，已经逐渐成为一门具有精确数学基础的学科。与进化过程或机理相关的所有思想都能够并且应该通过进化动力学方程来呈现。突变和选择的共同作用促成了进化。使用数学模型可以精确地描述突变和选择的过程。

进化动力学的三个基本原则：复制（繁殖）、选择和突变。这些原则决定了生命系统的进化，广泛适用于形式多样的生命体，而不依赖于其具体化学构成。可以说，任何活着的生命体的产生和发展都遵循着这三大原则。此外，还需注意的是，个体、基因和思想都会随着时间的推移而改变，而种群才是任何进化过程的最根本基础——进化的先决条件是种群中的个体具有繁殖能力。在适当的环境条件下，病毒、细胞以及多细胞生命体等能够进行自我复制。遗传物质 DNA 或 RNA 对这些生命体的结构起决定作用，可以通过复制传递给后代。当不同类型的生物体彼此间发生竞争时，选择将起作用。繁殖得较快的那些个体能在竞争中胜出。但是，繁殖过程也并非完美无瑕，其中偶尔也会出现差错，此即突变。这些突变能促使生物产生多种变异，促成生物多样性的形成。而这些变异又会经受自然选择作用的筛选，最终它们或被保留下来，或被淘汰，这样就使遗传多样性得以提高或降低。

2. 竞争种群动力学模型

一个生态系统的不同种群之间存在相互竞争、互利共生或寄生等关系，对于这些关系都可使用数学模型来描述其种群数量的变化情况。本研究主要介绍两个竞争种群之间的动力学模型。

当某个环境只有一个种群生存时，该种群数量的演变情况通常使用 Logistic 模型来描述：

$$\dot{x}(t) = \mathrm{d}x/\mathrm{d}t = rx\left(1 - \frac{x}{N}\right)$$

其中，$x(t)$ 是种群在时刻 t 的数量；r 被称为种群的内禀增长率（或称固有增长率），即每个个体在没有受到抑制作用时的最大增长率，也就是此种群个体平均出生率与平均死亡率之差，它反映了物种内在的特性；N 表征了环境能容纳此种群个体的最大数量，称为环境的容纳量。

而当甲乙两个种群为了争夺同一种食物来源和生存空间而进行生存斗争时，各自的存在就会影响对方的数量。即假设 $x_1(t)$、$x_2(t)$ 是两个种群的数量，r_1、r_2 是它们的增长率，N_1、N_2 是它们的最大容量。种群甲的增长方程为

$$x_1(t) = r_1 x_1\left(1 - \frac{x_1}{N_1} - \sigma_1 \frac{x_2}{N_2}\right)$$

其中，$\frac{x_1}{N_1}$ 可解释为相对于 N_1 而言单位数量的甲消耗的供养甲的食物量（设食物总量为 1），$1 - \frac{x_1}{N_1}$ 反映了由于甲对有限资源的消耗导致的对它本身增

长的阻滞作用。由于甲乙两个种群的竞争作用，乙消耗同一种有限资源对甲的增长产生的影响，可以合理地在因子 $1 - \dfrac{x_1}{N_1}$ 中再减去一项，该项与种群乙的数量 x_2（相对于 N_2 而言）成正比。σ_1 的意义是：单位数量乙（相对于 N_2 而言）消耗的供养甲的食物量为单位数量甲（相对于 N_1 消耗的供养甲的食物量）的 σ_1 倍。类似地，甲的存在也影响了乙的增长，种群乙的增长方程为

$$x_2(t) = r_2\, x_2 \left(1 - \frac{x_2}{N_2} - \sigma_2 \frac{x_1}{N_1} \right)$$

在两个种群的相互竞争中，σ_1、σ_2 是两个关键的指标。$\sigma_1 > 1$ 表示在消耗供养甲的资源中，乙的消耗多于甲，因而对甲增长的阻滞作用大于甲，即乙的竞争力强于甲。

7.1.2　诚信卖方种群和不诚信卖方种群竞争模型构建

假设在网络购物这一生态系统中，重点考虑卖方种群，该种群还可分为两个竞争种群——诚信卖方种群（x）和不诚信卖方种群（y），两个种群为了争夺有限的买方而展开生存竞争。在竞争过程中，诚信种群诚信经营，提供高质量产品，而不诚信种群倾向于采取欺诈行为，向买方种群提供低于承诺的低质量产品。它们之间可以产生突变，即在某些情况下诚信个体可以突变为不诚信个体，不诚信个体也可以突变为诚信个体。为了防止市场失效，网络购物平台采取商品质量管控措施激励诚信种群或惩罚不诚信种群，网络购物平台的商品质量管控措施可以影响卖方种群的突变率和竞争力。因此，针对网络购物生态系统中各种群之间的互相作用关系，建立如下微分方程组。

记 $\dot{x}(t)$、$\dot{y}(t)$ 是诚信种群和不诚信种群在 t 时刻的变化量；r_1、r_2 是它们的固有增长率；N_1、N_2 是它们的最大容量；u_1 是诚信卖方种群向不诚信卖方种群的突变率，u_2 是不诚信卖方种群向诚信卖方种群的突变率。因此，诚信种群增长的方程为

$$\dot{x}(t) = r_1\, x \left[1 - \frac{(1 - u_1)\, x}{N_1} - \sigma_1 \frac{(1 - u_2)\, y}{N_2} \right] \qquad (7\text{-}1)$$

$\dfrac{x}{N_1}$ 可解释为相对于诚信卖方种群的最大容量 N_1 而言，单位数量的诚信卖

方种群所获得的买方数量（设买方资源总量为 1），考虑到诚信卖方种群的突

变率，$1 - \dfrac{(1-u_1)x}{N_1}$ 反映的是诚信卖方种群所获得的买方资源的消耗导致的对

它本身增长的阻滞作用。而考虑到不诚信卖方种群的竞争作用，由于面对同

一种有限资源（买方）对诚信卖方群体的增长产生影响，再加上不诚信卖方

种群的突变情况，因此再减去一项 $\sigma_1 \dfrac{(1-u_2)y}{N_2}$，这里 σ_1 的意义是，单位数

量的不诚信卖方种群（相对于最大容量 N_2 而言）所获取的买方资源为单位数

量的诚信卖方种群（相对于 N_1）所获取的买方资源的 σ_1 倍。

类似地，不诚信卖方种群增长的方程为

$$\dot{y}(t) = r_2 y \left[1 - \frac{(1-u_2)y}{N_2} - \sigma_2 \frac{(1-u_1)x}{N_1} \right] \tag{7-2}$$

同理，在方程（7-2）中，$1 - \dfrac{(1-u_2)y}{N_2}$ 反映的是不诚信卖方种群所获得

的买方资源的消耗导致的对它本身增长的阻滞作用。而考虑到诚信卖方种群

的竞争作用，还要再减去一项 $\sigma_2 \dfrac{(1-u_1)x}{N_1}$，其中 σ_2 的意义是，单位数量的

诚信卖方种群（相对于最大容量 N_1 而言）所获取的买方资源为单位数量的不

诚信卖方种群（相对于 N_2）所获取的买方资源的 σ_2 倍。

在方程（7-1）和方程（7-2）中，$0 \le u_1 \le 1$，$0 \le u_2 \le 1$，而其他参数

r_1、r_2、N_1、N_2、σ_1、σ_2 均大于 0。

7.1.3 平衡点及稳定性分析

为了研究诚信卖方种群和不诚信卖方种群相互竞争的演变情况，即 $t \to \infty$

时 x 和 y 的趋向，没有必要解方程（7-1）和方程（7-2），只需要对其平衡

点进行稳定性分析。因此求解如下代数方程组：

$$\begin{cases} f(x,y) = r_1 x \left[1 - \dfrac{(1-u_1)x}{N_1} - \sigma_1 \dfrac{(1-u_2)y}{N_2} \right] = 0 \\[3mm] g(x,y) = r_2 y \left[1 - \dfrac{(1-u_2)y}{N_2} - \sigma_2 \dfrac{(1-u_1)x}{N_1} \right] = 0 \end{cases} \tag{7-3}$$

得到四个平衡点：

$$P_1\left(\frac{N_1}{1-u_1},0\right),\ P_2\left(0,\frac{N_2}{1-u_2}\right),$$

$$P_3\left[\frac{N_1(1-\sigma_1)}{(1-u_1)(1-\sigma_1\sigma_2)},\frac{N_2(1-\sigma_2)}{(1-u_2)(1-\sigma_1\sigma_2)}\right],\ P_4(0,0)$$

作为种群的数量，x 和 y 必须大于或等于零，即仅当平衡点坐标系的第一象限（$x,y\geqslant0$）才有实际意义，所以对 P_3 而言，σ_1、σ_2 同时小于 1 或同时大于 1。

下面对四个平衡点的稳定性进行分析。计算

$$A=\begin{bmatrix}\dfrac{\partial f}{\partial x}&\dfrac{\partial f}{\partial y}\\[2mm]\dfrac{\partial g}{\partial x}&\dfrac{\partial g}{\partial y}\end{bmatrix}$$

$$=\begin{bmatrix}r_1\left[1-\dfrac{2(1-u_1)}{N_1}x-\dfrac{\sigma_1(1-u_2)}{N_2}y\right]&-\dfrac{r_1\sigma_1(1-u_2)}{N_2}x\\[4mm]-\dfrac{r_2\sigma_2(1-u_1)}{N_1}y&r_2\left[1-\dfrac{2(1-u_2)}{N_2}y-\dfrac{\sigma_2(1-u_1)}{N_1}x\right]\end{bmatrix}$$

令 $m=-\left(\dfrac{\partial f}{\partial x}+\dfrac{\partial g}{\partial y}\right)\big|_{m_i},\ i=1,2,3,4$

$$n=\det A\,|_{m_i},\ i=1,2,3,4$$

得

$$m_1=-\left\{r_1\left[1-\frac{2(1-u_1)}{N_1}\frac{N_1}{1-u_1}\right]+r_2\left[1-\frac{\sigma_2(1-u_1)}{N_1}\frac{N_1}{1-u_1}\right]\right\}$$
$$=r_1-r_2(1-\sigma_2)$$

$$n_1=\begin{vmatrix}r_1\left[1-\dfrac{2(1-u_1)}{N_1}\dfrac{N_1}{1-u_1}\right]&-\dfrac{r_1\sigma_1(1-u_2)}{N_2}\dfrac{N_1}{1-u_1}\\[4mm]0&r_2\left[1-\dfrac{\sigma_2(1-u_1)}{N_1}\dfrac{N_1}{1-u_1}\right]\end{vmatrix}$$

$$= -r_1 r_2 (1 - \sigma_2)$$

$$m_2 = -\left\{ r_1 \left[1 - \frac{\sigma_1(1-u_2)}{N_2} \frac{N_2}{1-u_2} \right] + r_2 \left[1 - \frac{2(1-u_2)}{N_2} \frac{N_2}{1-u_2} \right] \right\}$$

$$= -r_1(1-\sigma_1) + r_2$$

$$n_2 = \left| \begin{array}{cc} r_1 \left[1 - \dfrac{\sigma_1(1-u_2)}{N_2} \dfrac{N_2}{1-u_2} \right] & 0 \\[2ex] -\dfrac{r_2 \sigma_2(1-u_1)}{N_1} \dfrac{N_2}{1-u_2} & r_2 \left[1 - \dfrac{2(1-u_2)}{N_2} \dfrac{N_2}{1-u_2} \right] \end{array} \right|$$

$$= -r_1 r_2 (1 - \sigma_1)$$

$$m_3 = -\left\{ r_1 \left[1 - \frac{2(1-u_1)}{N_1} \frac{N_1(1-\sigma_1)}{(1-u_1)(1-\sigma_1\sigma_2)} - \frac{\sigma_1(1-u_2)}{N_2} \frac{N_2(1-\sigma_2)}{(1-u_2)(1-\sigma_1\sigma_2)} \right] + r_2 \left[1 - \frac{2(1-u_2)}{N_2} \frac{N_2(1-\sigma_2)}{(1-u_2)(1-\sigma_1\sigma_2)} - \frac{\sigma_2(1-u_1)}{N_1} \frac{N_1(1-\sigma_1)}{(1-u_1)(1-\sigma_1\sigma_2)} \right] \right\}$$

$$= \frac{r_1(1-\sigma_1) + r_2(1-\sigma_2)}{1-\sigma_1\sigma_2}$$

$$n_3 = \left| \begin{array}{cc} r_1 \left[1 - \frac{2(1-u_1)}{N_1} \frac{N_1(1-\sigma_1)}{(1-u_1)(1-\sigma_1\sigma_2)} - \frac{\sigma_1(1-u_2)}{N_2} \frac{N_2(1-\sigma_2)}{(1-u_2)(1-\sigma_1\sigma_2)} \right] & -\frac{r_1\sigma_1(1-u_2)}{N_2} \frac{N_1(1-\sigma_1)}{(1-u_1)(1-\sigma_1\sigma_2)} \\[2ex] -\frac{r_2\sigma_2(1-u_1)}{N_1} \frac{N_2(1-\sigma_2)}{(1-u_2)(1-\sigma_1\sigma_2)} & r_2 \left[1 - \frac{2(1-u_2)}{N_2} \frac{N_2(1-\sigma_2)}{(1-u_2)(1-\sigma_1\sigma_2)} - \frac{\sigma_2(1-u_1)}{N_1} \frac{N_1(1-\sigma_1)}{(1-u_1)(1-\sigma_1\sigma_2)} \right] \end{array} \right|$$

$$= \frac{r_1 r_2 (1-\sigma_1)(1-\sigma_2)}{1-\sigma_1\sigma_2}$$

$$m_4 = -(r_1 + r_2)$$

$$n_4 = \left| \begin{array}{cc} r_1 & 0 \\ 0 & r_2 \end{array} \right| = r_1 r_2$$

　　根据方程稳定性理论，平衡点的性质由 m 和 n 的值决定，作为稳定点，至少需要满足 $m>0$ 且 $n>0$，具体见表 7-1 所示。

表7-1 种群竞争模型的平衡点及稳定性

平衡点	m	n	稳定条件
$P_1\left(\dfrac{N_1}{1-u_1},0\right)$	$r_1 - r_2(1-\sigma_2)$	$-r_1 r_2(1-\sigma_2)$	$\sigma_1 < 1, \sigma_2 < 1$
$P_2\left(0,\dfrac{N_2}{1-u_2}\right)$	$-r_1(1-\sigma_1) + r_2$	$-r_1 r_2(1-\sigma_1)$	$\sigma_1 > 1, \sigma_2 > 1$
$P_3\left(\dfrac{N_1(1-\sigma_1)}{(1-u_1)(1-\sigma_1\sigma_2)},\ \dfrac{N_2(1-\sigma_2)}{(1-u_2)(1-\sigma_1\sigma_2)}\right)$	$\dfrac{r_1(1-\sigma_1)+r_2(1-\sigma_2)}{1-\sigma_1\sigma_2}$	$\dfrac{r_1 r_2(1-\sigma_1)(1-\sigma_2)}{1-\sigma_1\sigma_2}$	$\sigma_1 < 1, \sigma_2 < 1$
$P_4(0,0)$	$-(r_1-r_2)$	$r_1 r_2$	不稳定

诚信卖方种群和不诚信卖方种群同时以买方种群作为唯一的获取资源的来源，双方的竞争力是此消彼长的过程，一般不可能出现 $\sigma_1 < 1$，$\sigma_2 < 1$ 的情况，因此，两种群竞争模型的稳定平衡点为 $P_1\left(\dfrac{N_1}{1-u_1},0\right)$，$P_2\left(0,\dfrac{N_2}{1-u_2}\right)$。

7.2 网购商品质量管控演化的内在机理分析

人类生活在持续的时间里，所有社会现象的发生都是连续的，微分方程正是模拟这种随时间推移而连续发生的变化。在物理和自然科学领域，科学家们常常使用微分方程来模拟各种现象的变迁，大到如宏观的地球围绕太阳的周期运动，小到微观的原子核和中子的运动都可以用微分方程来描述和分析。而在社会科学研究领域，包括经济管理研究领域由于理论和传统方面的原因多倾向于使用统计模型，统计模型非常适合检验实证理论，尤其适合通过使用相关分析方法来确认变量之间的因果关系，当研究社会或经济变迁问题时，社会科学家则经常以离散时间的方式来处理，在一定间隔之后收集数据。而通过微分方程模型则能够详细阐释随着时间变化的具体过程，更方便构建关于社会、政治、经济现象的理论。尤其是现代计算机技术的高速发展，使用计算机模拟技术使得对实验环境和真实世界进行模拟更容易实现。解决了以往很多微分方程基本上无法得到解析解的问题。

第 7 章的研究目的是研究在网络购物生态系统逐渐形成和发展的过程中，网络购物平台的商品质量管控的作用规律，因此，下面使用 7.1 节中构建的微分方程组进行模拟仿真，通过不同初值和参数值的选择来发现网络购物平台商品质量管控时点以及作用的不同对两个卖方种群数量的作用来达到研究目的。

7.2.1 模拟仿真方法

对于复杂系统，由于组分种类繁多，子系统之间的非线性相互作用异常复杂，关联方式具有非线性、不确定性、模糊性和动态性等；系统还具有复杂的层次结构，时间、空间和功能等层次彼此嵌套，相互影响；系统与环境还有相互作用，目前还没有形成从微观到宏观的理论和方法。与传统研究方法相比，使用模拟仿真的方法可以有效地研究复杂系统的自治性、演化性及复杂性。在不同的应用背景下，建模与仿真被认为是系统理论、控制理论、数值分析、计算机科学、人工智能或运筹研究领域的一个子集。但随着建模和仿真技术及其应用的不断发展，它已经将上述学科领域的技术集成起来，成为一门综合性很强的技术。

计算机可以表征人的思维和创造过程，计算机建模的过程就可以看作把人类的知识转化给计算机的过程。因此，用计算机建立模型，可以很方便地对实验环境和真实世界进行模拟。计算机仿真也因而成为应用广泛的横断学科，在工业控制、工业制造、经济社会建模、动态历史还原、地理信息系统等众多领域内成为一种引发学科新发现的研究手段。

由于仿真试验和仿真分析工作主要围绕模型展开，因此模型是仿真的核心，是仿真试验开展的基础，也是仿真应用成功的关键。模型是系统或问题的一种简化、抽象和（或）类比表示。它不再包括原系统或问题的全部属性，但能描述符合研究目的的本质属性，以易用的形式提供关于该系统或问题的知识。模型要具有现实性、简洁性和适应性。模型不是实体本身，不可能描述实体的一切，只能描述实体某方面的本质属性，而本质属性的选取完全取决于研究目的。模型来源于实际，反映实际，由于它的抽象特征，又高于实际，在某种意义上甚至优于实际。人们心中的理想模型是该模型能够适应所有的应用领域和应用问题，但实际上只有所研究的系统本身才能达到这种要求。因此，有的研究人员往往在仿真研究中追求高分辨率模型，希望建立的模型越细越好，这样与实际系统的行为越接近，得出的仿真结论越可信。然而，RAND 公司在多分辨率仿真模型研究中发现，模型太细，需要收集的仿真试验数据、仿真试验设计、仿真模型开发、仿真试验分析的工作量将会呈指数增长，尤其在高层次仿真中，该问题表现得尤为明显。Zeigler 的研究发现，模型的分辨率越高，并不等于模型的逼真度越高，因为模型的高分辨率会带来影响因素的增加，而一旦数据假设不当或忽略了主要因素，将会使模型受到次要因素的影响，不能抓住主要矛盾，使模型的真实度反而由于分辨率的提高而下降。因此，本书根据研究目的，在构建的诚信种群和不诚信种群数量增长模型中，主要考虑了网络购物平台商品质量管控对两个种群突变和竞争力的影响，未考虑其他影响因素。

本书使用 MATLAB 进行模拟仿真分析。MATLAB 是一种用于算法开发、数据可视化、数据分析以及数值计算的高级技术计算语言和交互式环境。除了矩阵运算、绘制函数/数据图像等常用功能外，MATLAB 还可以用来创建用户界面与调用其他语言编写的程序。它是系统辅助设计、分析和仿真的有效工具。

下面通过模拟仿真的结果来阐释网络购物平台商品质量管控的作用规律。

7.2.2　种群竞争模型模拟仿真

1. 无商品质量管控

根据 7.1 节中建立的种群竞争模型，假设诚信种群的固有增长率 $r_1 = 1.2$，最大容量 $N_1 = 10$，不诚信种群的固有增长率 $r_2 = 1.1$，最大容量 $N_2 = 8$。本书重点研究的是在不诚信种群竞争力强、诚信种群向不诚信种群突变率高的情况下，网络购物平台商品质量管控的作用规律，因此模拟的初始状态设定为：$x(0) = 0.5$，$y(0) = 0.1$，诚信卖方种群向不诚信卖方种群的突变率 $u_1 = 0.3$，而不诚信卖方种群向诚信卖方种群的突变率 $u_2 = 0.1$，不诚信种群的竞争强于诚信种群的竞争力，因此 $\sigma_1 = 1.3$、$\sigma_2 = 0.7$，两个种群的数量增长情况如图 7-1 所示。即当两个种群为了争夺有限的同一种食物来源和生活空间而进行生存竞争时，最常见的结局是竞争力较弱的种群灭绝，竞争力较强的种群达到环境容许的最大数量。如果不存在其他突变情况的发生以及商品质量管控行动，整个网络购物市场中将充斥着不诚信卖方种群，使得诚信卖方种群灭绝。

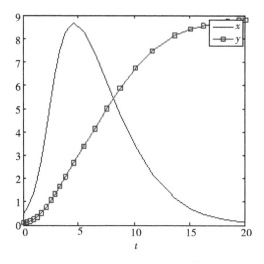

图7-1 种群增长图（不分段）

2. 不同时段进行商品质量管控

有人类加入、以人的行为为主导的生态系统称为社会生态系统或"社会-经济-自然"复合生态系统。该系统的结构比自然生态系统的结构更为复杂，这种复杂性不仅以人的生物性为基础，更大程度上源自于人的社会文化属性。在社会生态系统中，人们能够主动控制系统本身，以抵制系统负面效应的出现。在网络购物生态系统中，为了避免市场失效，网络购物平台对卖方种群的商品质量采取管控措施，主动对生态系统进行干预，从而影响种群的选择、突变等行为。具体而言，网络购物平台的商品质量管控措施对 σ_1、σ_2、u_1、u_2 的大小均有影响，随着管控措施的增强，u_1 和 σ_1 减小，u_2 和 σ_2 增大。与此同时，不诚信卖方种群总是倾向于寻找并利用商品质量管控机制的漏洞以获得超额利润，而随着不诚信卖方的这种欺诈行为的扩散，又进一步导致了 σ_1、σ_2、u_1、u_2 变化，即 u_1 和 σ_1 增大，u_2 和 σ_2 减小。上述过程在网络购物生态系统中往复出现，各参数的变化也是连续的。

为了研究的简化起见，本研究假设各参数为周期性、阶段性的变化。仍以图 7-1 中的初始值为起始点，网络购物平台在一定时间间隔后采取商品质量管控措施，引起参数变化，假设在此之后经历 5 个时间单位，不诚信卖方种群成功利用现有管控措施的漏洞进行欺诈，从而引起了参数的变化，如此往复，再经历 5 个时间单位，网络购物平台改进或完善商品质量管控措施，再一次导致参数的变化。

　　图 7-2 所示为网络购物平台在 $t = 5$ 时刻采取商品质量管控措施，诚信卖方种群和不诚信卖方种群的增长曲线。其中，当 $0 \leqslant t \leqslant 5$ 时，$\sigma_1 = 1.3$，$\sigma_2 = 0.7$，$u_1 = 0.3$，$u_2 = 0.1$；当 $5 < t \leqslant 10$ 时，$\sigma_1 = 0.7$，$\sigma_2 = 1.3$，$u_1 = 0.1$，$u_2 = 0.3$；当 $10 < t \leqslant 15$ 时，$\sigma_1 = 1.3$，$\sigma_2 = 0.7$，$u_1 = 0.3$，$u_2 = 0.1$；当 $t > 15$ 时，$\sigma_1 = 0.7$，$\sigma_2 = 1.3$，$u_1 = 0.1$，$u_2 = 0.3$。在这种情况下，诚信卖方种群的数量一直保持在较高的位置，不诚信卖方种群的数量则得到了较为有效的控制，在低位振荡徘徊。

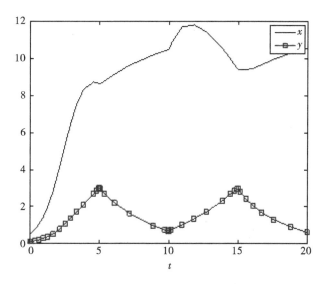

图7-2　种群增长图（分段 $t = 5$ 管控）

　　如果网络购物平台在 $t = 8$ 时刻才开始采取商品质量管控措施，诚信卖方种群和不诚信卖方种群的增长曲线如图 7-3 所示。其中，当 $0 \leqslant t \leqslant 8$ 时，$\sigma_1 = 1.3$，$\sigma_2 = 0.7$，$u_1 = 0.3$，$u_2 = 0.1$；当 $8 < t \leqslant 13$ 时，$\sigma_1 = 0.7$，$\sigma_2 = 1.3$，$u_1 = 0.1$，$u_2 = 0.3$；当 $13 < t \leqslant 18$ 时，$\sigma_1 = 1.3$，$\sigma_2 = 0.7$，$u_1 = 0.3$，$u_2 = 0.1$；当 $t > 18$ 时，$\sigma_1 = 0.7$，$\sigma_2 = 1.3$，$u_1 = 0.1$，$u_2 = 0.3$。在这种情况下，两个种群的数量振荡都增大了，但总体上诚信卖方种群的数量仍大于不诚信卖方种群的数量。

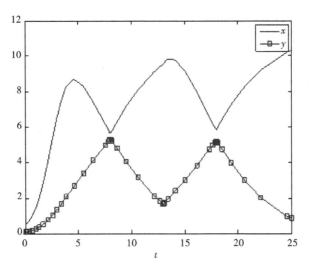

图7-3 种群增长图（分段 $t=8$ 管控）

如果网络购物平台在 $t=10$ 时刻才开始采取商品质量管控措施，诚信卖方种群和不诚信卖方种群的增长曲线如图 7-4 所示。其中，当 $0 \le t \le 10$ 时，$\sigma_1 = 1.3$，$\sigma_2 = 0.7$，$u_1 = 0.3$，$u_2 = 0.1$；当 $10 < t \le 15$ 时，$\sigma_1 = 0.7$，$\sigma_2 = 1.3$，$u_1 = 0.1$，$u_2 = 0.3$；当 $15 < t \le 20$ 时，$\sigma_1 = 1.3$，$\sigma_2 = 0.7$，$u_1 = 0.3$，$u_2 = 0.1$；当 $t > 20$ 时，$\sigma_1 = 0.7$，$\sigma_2 = 1.3$，$u_1 = 0.1$，$u_2 = 0.3$。在这种情况下，两个种群的数量振荡更大，并且不诚信种群的数量一度超过了诚信种群的数量。

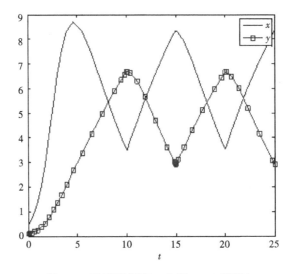

图7-4 种群增长图（分段 $t=10$ 管控）

如果网络购物平台推迟到了 $t = 15$ 时刻才开始采取商品质量管控措施，诚信卖方种群和不诚信卖方种群的增长曲线如图 7-5 所示。其中，当 $0 \leqslant t \leqslant 15$ 时，$\sigma_1 = 1.3$，$\sigma_2 = 0.7$，$u_1 = 0.3$，$u_2 = 0.1$；当 $15 < t \leqslant 20$ 时，$\sigma_1 = 0.7$，$\sigma_2 = 1.3$，$u_1 = 0.1$，$u_2 = 0.3$；当 $20 < t \leqslant 25$ 时，$\sigma_1 = 1.3$，$\sigma_2 = 0.7$，$u_1 = 0.3$，$u_2 = 0.1$；当 $t > 25$ 时，$\sigma_1 = 0.7$，$\sigma_2 = 1.3$，$u_1 = 0.1$，$u_2 = 0.3$。在这种情况下，网络购物平台的商品质量管控措施已经无法有效地控制不诚信种群数量的回落，在最大容量附近振荡，而诚信种群数量则在低位振荡。

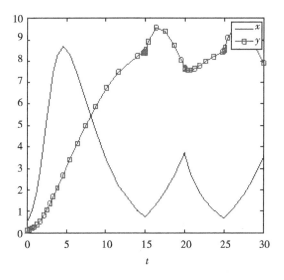

图7-5　种群增长图（分段 $t=15$ 管控）

7.2.3　结果分析及讨论

根据以上模拟仿真结果，可以得出如下结论：

（1）在没有网络购物平台商品质量管控的情况下，网络购物生态系统中的诚信卖方种群趋向灭亡，导致网络购物市场崩溃。

网络购物平台如果不采取任何商品质量管控措施，由于不诚信卖方种群采取欺诈行为获得的收益更高，诚信种群向不诚信种群的突变更高，不诚信种群的竞争力更强，在经历一段时间演化之后，诚信种群趋向灭亡，而不诚信种群则趋向最大容量（见图 7-1）。它表示的是在封闭系统下的结果，而在现实市场中，网络购物市场不是封闭的，与之对应的是传统实物市场，消费者渠道迁徙理论认为，在多渠道环境里，消费者在选择渠道时，时常从一个渠道转换到另一个渠道，因此，不诚信种群趋向最大容量的情况一般也不会出现，买方将选择商品质量信息不确定性更小的传统实物市场。随着买方种群的萎缩，网络购物市场也会逐渐萎缩直至崩溃。

（2）如果网络购物平台的商品质量管控不及时，也难以挽回系统崩溃的局面。

商业生态系统存在着一个稳定性阈值，因此，对系统的控制也有一个正当、合理、适度的问题。如图7-5所示，网络购物平台采取了商品质量管控措施，但时间相当滞后，在当时的时点，不诚信种群的数量远大于诚信种群的数量。考虑到现实的市场环境处于开放系统中，买方会在网络购物市场和线下市场之间选择和流动。因此，如果突破了稳定性阈值，网络购物平台将难以挽回系统崩溃的局面。

（3）如果网络购物中的商品质量得到及时管控，则有望构建健康、可持续发展的网络购物生态系统。

如图7-2~图7-4所示，网络购物平台如果及早采取商品质量管控措施，使得诚信卖方种群的数量一直保持在较高的位置，不诚信卖方种群的数量则得到较为有效的控制。

（4）讨论

马世骏、王如松认为，人类社会是一类以人的行为为主导、自然环境为依托、资源流动为命脉、社会文化为经络的社会-经济-自然复合生态系统。复合生态系统的演替受多种生态因子所影响，其中主要有两类因子在起作用：一类是利导因子，另一类是限制因子。当利导因子起主要作用时，各物种竞相占用有利生态位，系统近乎呈指数式增长；但随着生态位的迅速被占用，一些短缺性生态因子逐渐成为限制因子。优势种的发展受到抑制，系统趋于平稳，呈S形增长，但生态系统有其能动的适应环境、改造环境、突破限制因子束缚的潜力。通过改变优势种、调整内部结构或改善环境条件等措施拓展生态位，系统旧的利导因子和限制因子逐渐让给新的利导因子和限制因子，出现新一轮的S形增长。复合生态系统就是在这种组合S形的交替增长中不断演替进化，不断打破旧的平衡，出现新的平衡的（见图7-6）。

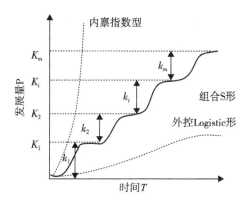

图7-6　复合生态系统不同类型的演化过程

如果把网络购物生态系统看作一个社会-经济-自然复合生态系统，网络购物平台的商品质量管控机制和措施是利导因子，不诚信种群寻找管控机制漏洞钻空子则是限制因子，两种力量共同、交替地发挥作用，其演化路径如图 7-6 所示，呈现可持续的、螺旋式的发展态势。淘宝网的商品质量管控实践就是例证，所谓"道高一尺魔高一丈，魔高一尺道再高一丈"——如在线信誉管理系统遇到"刷钻"，"中国质造"被"刷质检"——平台推出质量管控措施，不诚信种群寻找漏洞钻空子，平台再升级管控措施或采取新的管控机制……经过一轮又一轮的大浪淘沙，平台中的商品质量实现了螺旋式上升。当然，系统中的利导因子不仅限于平台的商品质量管控机制和措施，还包括：买方消费能力的提升和消费观念的成熟、政府相关政策（如对违规欺诈行为的惩治）的制定和落实，甚至于遍布整个平台的"高品质文化"观念和氛围。针对系统中的不诚信种群，仅仅"高筑墙"的管控措施带来的是"你高一尺我高一丈"的结果，因此更进一步地，还要瓦解它赖以生存的土壤，采取"釜底抽薪"的方法，使它增长乏力，甚至由于基础不再牢靠而逐渐坍塌。此即为综合性治理。

例如买方消费能力提升方面，近年来我国的恩格尔系数持续降低，2015年城镇和农村恩格尔系数分别达到 34.8% 和 37.1%，这意味着城乡居民普遍达到了小康、富裕的水平。艾瑞咨询《2017 年中国网民消费升级和内容升级洞察报告》显示：和 5 年前相比，中国的消费者更愿意花钱购买品质好的东西，认为价格与质量挂钩的比例涨幅最大，对品牌有所偏好。整体来看，人们对品质的要求更明确了，愿意为高品质的商品付出更高的价格，同时也重视品牌所象征的商品特性。随着买方消费能力提升和消费观念的成熟，供给端（包括平台卖方）需要适应这一变化，满足消费者日益增长的对美好生活的需要，我国网络购物市场中的商品质量自然而然随之提高了。

与买方驱动质量提升相比，政府相关政策的制定和落实方面目前仍有诸多不尽如人意的地方，尤其是对违规欺诈行为的惩治方面。本书的第 3 章构建了网络购物商品质量三级管控模型，政府在其中占据非常重要的地位。傅田通过构建网络购物平台和卖方的演化博弈模型进行了深入研究，在对平台与卖方博弈模型分析的基础上，引入了政府监管参数变量，研究显示，政府监管部门对违反相关规定的平台和卖方进行惩罚，能够促使平台和卖方对商品质量进行关注和投入，进而提升网络购物商品质量。但政府当前的惩罚力度明显过轻，因而无法对当前的网络购物商品质量现状产生本质的影响。

■ 马云致两会代表委员们：像治理酒驾那样治理假货

2017 年 3 月 7 日，阿里巴巴集团董事局主席马云在微博上发表致两会代表委员的公开信，呼吁"像治理酒驾那样治理假货"。以下为马云公开信摘选：

这几年我认为最经典的司法进步就是酒驾治理。假如没有"酒驾一律拘留、醉驾一律入刑"的严刑峻法，今天中国要多出多少马路杀手！再看假货，绝大部分制假售假者几乎不承担法律责任，违法成本极低而获利极丰，很难想象假货如何才能打干净！我建议参考酒驾醉驾治理，设想假如销售一件假货拘留七天，制造一件假货入刑，那么我想今天中国的知识产权保护现状、食品药品安全现状，我们国家未来的创新能力一定会发生天翻地覆的变化。

对涉假行为的法律规定，很多国家奉行严刑重典，如美国，初犯 10 年以上的监禁，重犯 20 年以上，公司会罚到破产，连携带使用假货的人也会面临拘留，如此才有了今天美国的创新环境。我国法律规定，制假售假案值 5 万元以下没有刑事责任；5 万元以上的顶多判 7 年。这是 20 年前的法律和 10 多年前的司法解释，严重脱离实际，结果是今天 99% 的制假售假行为不了了之，200 万元的案值罚 20 万元，老鼠过街，人人喊打，却无人真打。

公检法部门去年投入了巨大的力量打假，但是因为现有法律法规的滞后和不切实际，眼睁睁看着众多案犯不能绳之以法。以阿里巴巴为例，去年大数据排查 4495 件线索，截至目前，公安机关得以依据现行法律规定进行刑事打击的只有 469 件，只占十分之一；我们研究了 33 例已经判决的案件，80% 还判了缓刑；我们也研究了去年工商行政处罚的 200 例制假贩假案件，平均罚款额不到 10 万元。这样的局面只会鼓励更多人前赴后继地参与制假售假！

"醉驾入刑"到今天五年多，酒驾醉驾引起的事故大幅减少，大家开始形成拒绝酒驾醉驾的自觉，"醉驾入刑"推动了多大的司法的进步和社会进步！制假售假，本质上是一种"偷窃"行为。对于小偷，自古以来是非曲直分明，但是对于偷知识产权，今天在中国仍然缺乏社会共识。

假如改变入刑标准，治理假货的结果肯定会大不一样：社会会形成共识，司法机关有法可依，政府部门杜绝权力寻租；更重要的是这代表了我们国家对知识产权的保护，对创新的决心和真正的行动，代表了我们社会的重大进步！因为假货对中国的伤害，远远不是我们看到的假货本身，而是对创新的伤害、对勤奋诚信之人的伤害，对国家未来的伤害……

资料来源：摘自《马云致两会代表委员们：像治理酒驾那样治理假货》，http://news.hexun.com/2017-03-07/188399236.html。

第8章

网络购物平台商品质量管控实例分析

　　"刚柔交错，天文也；文明以止，人文也。观乎天文，以察时变；观乎人文，以化成天下。"生态化治理引入活水，通过引导和疏通"化"之。

8.1　在线信誉反馈系统

　　正如第 4 章所介绍的，在线信誉反馈系统又称在线信誉系统，是指一种在网络环境下，通过收集、合计、发布用户历史行为反馈信息，激励陌生人之间的合作行为，促进网络信任的信誉管理机制。它有两种表现形式：一种是量化分数形式，通常被称为在线信用（信誉）评分；另一种是文字评论形式，通常被称为在线评论（或网络口碑）。

8.1.1　信用评分体系曾发挥的作用及信誉炒作

　　1. 降低质量信息不对称的作用

　　顾客对商品属性的比较评价，是基于独立的需求、态度、个性与价值观，根据所掌握的相关信息对商品属性做出独特的价值判断，这种判断会随着顾客认知而动态变化，导致不同顾客对同一种产品或服务的评价因人、因时、因地而异。

　　在传统零售情境下，零售商与生产商相比，更容易收集到消费者的需求、习惯及偏好等信息，在一定的激励条件下，他们将其拥有的相关信息逆向传递到生产领域，可以帮助生产者降低其面临的需求不确定性。而在网络购物中，网络购物网站使用在线信誉系统更加方便快捷地将买方信息传递给卖方。

买方使用在线信誉反馈系统，将有过购买行为的其他买方所反馈的质量信息作为外部线索并据此形成感知质量，而对卖方而言，在线信誉反馈系统能够传递商品质量信息。因此，在网络购物早期，在线信誉反馈系统成为控制商品质量的一种机制，起到了一定的降低质量信息不对称的作用，在很大程度上减弱了网络"柠檬"问题所带来的负面影响。

潘勇的研究发现，淘宝信誉系统中的卖方信用、卖方好评率这两个指标对卖方历史信用水平的披露，以及消费者评价对商品质量信息的补充，抵消了"柠檬"现象的影响，而且后者的作用尤其明显。邓斌在对 B2C 网站在线信誉反馈系统的研究中，也认为 B2C 网站的在线评论有助于消费者了解网站的商品质量和销售服务，有效地降低了消费者的感知风险。

许多研究表明，除了网络购物网站的在线信誉系统，第三方评论网站的信誉反馈信息对买方增强商品质量判断具有重大影响。例如，Benedicktus 等人研究了第三方（如 epinions、Yelp）信誉反馈信息的影响，其结果表明，第三方信誉反馈是增强网络零售商信誉度的一种有效途径，Benedicktus 的另一项研究还发现，消费者的评分增强了买方形成价值判断、区分良性和欺诈卖方的能力。

2. 早期在线信誉系统逐渐显现出缺陷

随着网络购物市场的高速发展，早期的量化评分体系逐渐显露出了缺陷，如先天设计不够完善、容易造假等问题，导致它在创建在线信誉的公平性和真实性方面受到了挑战。信誉反馈系统有时不能分辨正常的、有偏见的或串通的反馈，存在一定程度的失真现象。

Jin 和 Kato 揭示了 eBay 信誉管理系统中的两个漏洞：全局信誉分级和无成本的匿名身份转换，它们的存在导致了许多欺诈行为的发生。研究结果还发现，有信誉的卖方较少做空洞的声明，较不可能出现欺诈行为，但他们所售出的棒球卡的质量并不比其他卖方的高，这说明 eBay 的信誉评级只能给潜在买方提供一定程度的质量信息参考。淘宝网虽然吸取了 eBay 信誉管理系统的不足之处，将买卖行为分开评价，解决了全局信誉分级的问题，实名认证等措施也加大了匿名身份转换的成本。但也逐渐出现了信誉炒作、共谋的现象，即有共谋意向的卖方在非法组织的帮助下，雇用大量的"木偶"（puppet）买方进行虚假交易，提高信誉分的行为。除此之外，学者们当时所进行的研究还指出：在线信誉系统还普遍存在三级评价等级过于简单，累积加分的算法欠科学，未考虑时间权重、交易金额对信誉值的影响等问题。

因此，考虑到信用评分系统的以上缺陷，它只能部分起到传递质量信息的作用，其有效性仍有待加强。因此，针对这些缺陷和问题，很多研究者提出了各种更为公正、无偏见、算法更为复杂的在线信誉反馈系统模型。但与此同时，于兆吉等人认为当时的在线信誉评价实证研究日益呈现出研究者与应用者的主体相分裂的情况，与在线信誉评价系统实证研究的丰富性呈现鲜明对比的是应用主体（即网络购物网站）并未应用这些研究成果，网络购物网站不仅要考虑在线信誉系统的科学性，还要考虑其适用性和易用性。

3. 信用炒作

信用炒作是伴随着网络购物市场的发展壮大而出现和繁荣起来的。越来越多的卖方涌入市场，而平台的搜索结果是根据店铺级别和人气进行排名的，因此，如何进入买方的视野、抓住买方的注意力，成为所有卖方的重要关注点，从而滋生了信用炒作产业链。在我国，信用炒作曾经一度成为网络购物市场中所有卖方私下默认的潜规则——如果想迅速提高自己店铺的人气，就要花钱刷钻，提高店铺级别和人气，以争取买家搜索时排进第一页。

信用炒作又称为"刷钻""刷信誉""刷信用"，是指在淘宝、拍拍等购物网站中，买卖双方以此达到提高信用赚取最大化收益的经济目的，或者是指交易双方通过虚拟的交易行为，在无交易的情况下做出"满意""好评"的评价，也包括卖家在收到买方消费后给予差评的情况下，通过向买家返利而要求其修改评论的行为。

信用炒作的方式主要有以下几类：第一类是通过雇用专业工作团队在后台进行信用炒作机制的运营。这一类的信用炒作效率高速，但是也存在真实性低、IP 重复率高、容易被封号的风险性。第二类是通过社交平台以朋友为索引，双方之间互相进行信用炒作，或是基于朋友间的信任通过朋友向其他圈外人士进行信用炒作。这一类以一个社交平台或一个圈子进行相互的信用炒作，存在人员的局限性造成真实性低和 IP 重复率较高的问题，而且人员之间相互进行的炒作获取其他人认可的时间较长、效率较低。第三类是在第二类的基础上进行范围的扩张，主要是网上商家进行平台刷钻。这一类炒作行为所耗时间较长，但其平台效果较强，效率高，真实性高于前述两类。第四类是利用自动充值系统进行信誉炒作升级，主要包括虚拟充值和刷钻两类行为，这种信用炒作模式主要由一些虚拟交易的卖家来实施。由于其交易行为都是真实存在的，具有较高的安全性。学术界基于上述刷钻行为，提出了一系列应对方法，如应用技术手段进行信誉真实性监测和监控、制定法规政策遏制刷钻行为等。

针对信用炒作行为，网络购物平台、政府监管机构采取措施进行整治，例如淘宝网 2012 年变更淘宝规则，通过搜索权重的改变应对刷钻商家，再如工商部门采取行政处罚等措施，但一直屡禁不止。部分原因是处罚太轻，例如根据规定，工商部门行政处罚的上限是 20 万元，而信用炒作违规的获利远高于处罚金额，因此不能震慑违法行为。近年来，一些信用炒作违规行为受到了刑事责任追究，如 2017 年的所谓"网购刷单第一案"的组织者被判获刑 5 年 9 个月，被罚 92 万元（获利 90 万元）。

■ 淘宝刷钻"蔚然成风"

为了亲身感受一下淘宝刷钻的流程，记者特意在淘宝网上申请了一个网店，并留下了详细的联系方式。没想到没过多久，就有陌生人请求成为记者的 QQ 好友，原来是职业刷钻员。他告诉记者，作为一个新开店的掌柜，如果想迅速提高自己店铺的人气，最好先花钱刷钻，提高店铺的级别和人气，争取买家搜索时排进第一页。

那如何才能完成这个目标呢？对方马上告诉记者操作流程，双方达成购买协议→买家拍下记者要求交易的宝贝→买家支付货款→记者在淘宝或者拍拍发货→买家收货好评→记者回评，交易结束。按照这个流程，记者支付了一笔最低的套餐费用，果然没过多久，宝贝就如愿得到了好评。后来，这位职业刷钻者还将记者介绍进了一个刷钻的 QQ 群里，里面都是进行刷钻的买家和卖家，一些职业刷钻者经常在群里发广告，明码标价叫卖刷钻。

记者发现，通过这样的一些虚拟交易之后，不仅记者店铺的好评多了，钻级也跟着提升，在淘宝搜索中的排名也靠前了。不仅如此，记者还了解到，目前国内还有专业的淘宝刷钻平台——敢死联盟。进入该联盟的网站，"淘宝刷钻""店铺代刷""营销软件""刷钻论坛"等服务一应俱全。原来这些大的平台通常招职业"网托"接任务，这些人用小号一天接数百任务，如果小号被封，掌柜的淘宝也被牵连，所以需要找安全的平台。

"我们知道有的卖家通过刷钻获取快速升级，目前已经出台了一些措施。"淘宝的工作人员告诉记者，2 月 13 日，淘宝发布变更部分淘宝规则的通知，宣布淘宝将有权删除因虚假交易产生的店铺评分的内容，对虚假交易提升网店销量和信誉行为进行自查自纠。

资料来源：选编自《中国质量报》（2012.03.02）"好评是刷出来的——网络购物售后服务质量追踪系列报道之四"。

8.1.2 在线评论

由于信用炒作等行为，在线信用评分已经不能如实反映卖方商品质量。正如第6章"网络购物平台商品质量管控四阶段演化分析"中所述，信用炒作自2007年逐渐浮出水面为人所知，并愈演愈烈，形成了以卖家为中心的刷钻产业链。在此之后，以淘宝网为主的网络购物平台一边治理信用炒作，一边开始着手其他商品质量管控机制的建立和实施，其中之一就是对在线评论的加强，如实施"评价有礼"机制鼓励买方撰写评论，采取聚类、文本分析等方法提取评论中的关键词供消费者参考。

通过对知网的文献搜索（见图8-1）可以看出，有关"信用炒作"关键词的文献在2008年之前只有9篇，2009年一下攀升到了23篇（其中大多为报纸和普通期刊），之后的年份里都是个位数。由此可见，2009年是信用炒作最为猖狂，从而也引起了各方面注意的年份。而有关"在线评论"关键词的文献（见图8-2）在2009年之前总共20篇，2010年攀升至26篇，此后一直稳步增加，2017年达到290篇。因此，可以推论，2009年以后，在线评论成为网络购物中更为重要的缓解买卖双方信息不对称的方式，引起了学术界持续的研究。

图8-1 知网"信用炒作"关键词搜索结果

图8-2　知网"在线评论"关键词搜索结果

1. 在线评论有效性

在线评论是指一种由用户根据个人的购买和使用经验产生的产品以及其服务相关的信息，是口碑信息的一种新形式，也称为在线消费者评论（online customer review）或网络口碑。其内容主要包括在线产品评论（包括产品评价和对产品评价的解释）、在线销售者评论、用户推荐、情感和主观满意度等几方面内容。它没有规定的格式或约定的模板，是非格式化的网络信息，通常发表在电子商务平台或第三方评论网站上，在消费者形成和塑造产品/服务感知时起到重要作用，并最终影响消费者购买决策。

2016 年 6 月发布的《2015 年中国网络购物市场研究报告》中，在线评论（又称网络口碑）以 77.5% 的关注度成为 2015 年中国网络购物用户购买商品时最为关注的因素。研究表明，口碑相较于其他形式的广告有着更好的效果，在特定条件下，口碑比个人销售、文本广告和电台广告等方式对消费者行为的影响更加明显。网络口碑的质量和数量对消费者购买意愿有着重要影响。越来越多的消费者通过互联网分享购买产品、体验服务的感受，同时，也有越来越多的消费者在购买产品和服务时通过互联网来获取口碑信息以指导购买决策。网络口碑的不断丰富和传播，也使其成为消费者购买决策中的重要参照。作为一种典型的网络口碑，在线评论对消费者的购买决策有着重要的影响。在做出购买决策前，消费者习惯于浏览购买者的在线评论。2013 年 eMarketer 的数据显示，92% 的消费者在做出购买决策之前会查看在线产品评论，67% 的商品销量依赖相应的网络口碑。2014 年 1 月中国互联网络信息中心的权威统计数据显示用户评论是在线购物各年龄段用户做出购买决策时最主要的考虑因素，且从"60 后"到"90 后"用户，用户评论在其考虑因素中所占的比重呈明显上升趋势。从消费者角度而言，在线评论是购买过产品和服务的消费者发表的有关产品表现和销售服务的信息，阅读在线评论可以降低在线购物的不确定性和风险，辅助购买决策。

在对"在线评论"的研究中，对评论有用性和有效性的研究是一个重要的研究方向。如张艳辉等人的研究表明，有效评论数、中差评、上传图片对评论有用性具有显著的正向影响作用；相对于搜索品，在体验品中，中差评和上传图片对评论有用性的作用更强；卖家回复起到了中介作用，有效评论数、中差评、上传图片会正向影响卖家回复，卖家回复又会对评论有用性产生积极作用。因此，网络购物平台和卖方应引导更多买方撰写有效评论，尤其是对于体验品，鼓励买方上传图片、撰写体验。学术研究上也从过去聚焦于在线评论对消费者购买决策的影响机制，逐渐转变为如何引导在线评论的内容和特征，提高在线评论的感知有用性，这一类研究也更具现实意义。如纪淑娴建议，电商网站需优化在线评论系统，简化评论流程，提供一些格式和选项供用户选择，自动生成文字评价，以增强用户参与评论的便利性；另外，评论可以不按照时间先后顺序进行排序，而根据其他用户感知评论的有用性等来进行排序，可将参考度、价值比较高的文字评论突出显示。

但是，网络购物平台的在线评论系统在运行中也出现了各种各样的问题，如信息泛滥、质量良莠不齐，甚至出现网络水军言论这类伪网络口碑干扰消费者的认知，从而影响了潜在买方对商品质量的有效判断。另外，由于信息过载，导致大多数用户没有足够的时间和精力浏览全部信息，而且还存在大量无意义信息，如"好，很好！"之类的评论，难以帮助消费者准确把握商品质量信息，从而形成有效的、高质量的决策。

关于消费者如何具备"一双慧眼"，在信息海洋中抓住评论中的关键信息，张亚竞的研究为大家提供了一个思考和借鉴的角度。张亚竞以京东商城NIKE男鞋为例，研究如何使用在线评论进行正品和仿冒品的识别和判断。以下是部分研究结果：

第一，根据"做工"关键词判断。

根据表8-1，真NIKE鞋的评论中通常包括"用料考究，做工严密，精美，无溢胶"等关键词，而仿NIKE鞋的评论中则包括"走线不准，线头外露，胶水溢出，线面缝合不严密"等关键词。NIKE鞋作为行业的顶级品牌，拥有完善的质量管理保障体系，制作精美，用料考究，所以才有比同类产品高3~15倍甚至更高的价格。当然，100%好评通常很难保持，但大多应该是因为物流、服务等方面出现的问题，若是经常因为质量、货品有问题而给中评甚至差评，那就极可能是仿品。

表8-1　根据做工关键词判断 NIKE 鞋真假

商品分类	关键词分辨（用料和做工）
真 NIKE	用料考究，做工严密，精美，无溢胶
仿 NIKE	走线不准，线头外露，胶水溢出，线面缝合不严密

第二，根据"气味"关键词判断。

根据表 8-2，真 NIKE 鞋的评论中通常包括"无异味，淡淡的檀香味"等关键词，而仿 NIKE 鞋的评论中则包括"异味，刺鼻"等关键词。正品 NIKE 鞋对胶的使用要求尤其严格，要求每一家代工厂使用 NIKE 公司提供的原装 seep 专用胶，以保证其商品安全、环保、无异味。若鞋子有很刺鼻的气味，则极有可能是假鞋。

表8-2　根据气味关键词判断 NIKE 鞋真假

商品分类	关键词分辨（气味）
真 NIKE	无异味，淡淡的檀香味
仿 NIKE	异味，刺鼻

第三，根据"鞋底"关键词判断。

根据表 8-3，真 NIKE 鞋的评论中通常包括"橡胶底无杂质，富有弹性，舒服"等关键词，而仿 NIKE 鞋的评论中则包括"开胶，开裂，被刮部位泛白，耐磨性差，硬，不舒服"等关键词。鞋底是反映真假品关键差异之一，因为其研发难度最大，成本较高，往往占鞋子总成本的 1/3 以上，若假品追求与正品一样的好品质，其造价太高。虽然不同功能的鞋子其软硬度会随之不同，如要求耐磨的球鞋相比于休闲运动跑步鞋的鞋底要硬，但是所有的正品 NIKE 鞋的鞋底都应该是柔软、舒适、富有弹性的。而假货鞋底大多会硬邦邦的，两头压弯后很难马上弹回，多数会有折痕，乃至有断底的危险。

表8-3　根据鞋底关键词判断 NIKE 鞋真假

商品分类	关键词分辨（耐磨性、柔软性、弹性）
真 NIKE	橡胶底无杂质，富有弹性，舒服
仿 NIKE	开胶，开裂，被刮部位泛白，耐磨性差，硬，不舒服

第四，根据"气味"关键词判断鉴定结果。

根据表8-4，真NIKE鞋的评论中可能会有"经过虎扑、专卖店等专业鉴定为真"等关键词，而仿NIKE鞋则相反。对于NIKE鞋，有一个有效的真假识别办法，即鞋标识别法。但因为网购信息的不对称性以及盗图的方便与泛滥，对于没有见到实物的买家来说很难鉴别。但是对于已经购买了NIKE鞋的买家，其鞋标在虎扑论坛和专卖店等地方经业内人员鉴别后的结果就具有说服力了。所以若买家评论中提到经过虎扑论坛或专卖店一对一比较等，也能成为判断NIKE鞋真假的有力依据。

表8-4　根据鉴定结果关键词判断NIKE鞋真假

商品分类	关键词分辨（鞋标、一对一比较等）
真NIKE	经过虎扑、专卖店等专业鉴定为真
仿NIKE	经过虎扑、专卖店等专业鉴定为假

2."评价有礼"机制

毫无疑问，买方反馈在线评论往往是耗时的，很多人不情愿花费时间在购物评价这样一种公共物品上，因此网购平台和卖方试图采取奖励的方式鼓励买方留下评论。

淘宝网于2012年推出了"评价有礼"机制。在这一机制下，卖家可以为售出的商品设置一个返点数额（以现金返还或以店铺优惠券返还）作为对买家购物评价的奖励。如果一个卖家选择返点评价，那么淘宝网就会保证返点会从卖家的账户转账到那些留下高质量评价的买家账户。这里需要特别强调的是，该机制对买家的评价是否高质量的判定，不是取决于这个评价是不是"好评"，而是取决于具体评价的信息量有多少，这由淘宝网的机器学习算法进行判断（如测算买家评价的内容、长度以及商品的关键特征等是否被提及）。其中的经济学逻辑是，相较于低质量厂商，高质量的厂商有更多的回头客，从而能在更多的销售中获得更多利润来补偿其在奖励评价方面的开支。

李玲芳为了研究"评价有礼"机制的效果，从2012年9月到2013年2月，在淘宝平台上采用随机抽样的方式收集了12000多个卖方、涉及交易产品共600多万件（主要涉及四类商品：手机、存储卡、面膜和牛仔裤）的交易数据，围绕以下两个问题展开研究：第一，卖方是否选择"评价有礼"机制来传递自身作为"靠谱"卖方的信号，以此来建立良好的信誉？第二，卖方如何通过"评价有礼"机制来获得销量的提升和评价质量的提高？主要有如下研究发现：首先，卖方在其经营网店初期（评级低）时更倾向于选择"评价有礼"机制。这一发现符合理论预期。众所周知，信誉体系的建立在卖方生意初期是非常有价值的，卖方在初期会"烧钱"来提升品牌知名度。因此，卖方在初期会选择"评价有礼"机制来吸引买方，这可视作对积累信誉的投资。但是在销量增长、良好的信誉体系建立后，卖方则无须选择"评价有礼"机制来传递产品质量信息。其次，能够提供高品质交易的卖方更倾向于选择"评价有礼"机制。如前文所述，假定买方如实地陈述购物体验，那么只有对自身产品质量充分自信且将收到正面评价的高品质卖方才会同意采用"评价有礼"机制。因此，一个能提供高品质商品的卖方更倾向于选择该机制。最后，当拿某个卖方的某一产品进入"评论有礼"机制前后的销售情况进行比较时，研究发现选择"评价有礼"机制会促进该卖方的销售量。事实上，选择"评价有礼"机制可能对销量产生短期和长期的影响。平均而言，短期内选择"评价有礼"机制能够使得商家当月销售量比上月增长四倍；而从长期而言，平均销售量增长也近 30%。此外，值得一提的是，"评价有礼"机制的应用并没有造成评价的倾向性（如好评比重增加）。

因此，根据上述研究，在淘宝上，尤其是对于新进入商家而言相较于没有采用"评价有礼"机制的商家，采用"评价有礼"的商家销售量更大且产品质量更高，该机制有助于缓解商品质量的不确定性。

值得注意的是，淘宝网设计的"评价有礼"机制与一些由卖方推出的"好评有礼"活动是不同的。有一些在线卖方为提高商品的好评率，经常会或明或暗地操纵评论，除了雇用网络水军刷好评外，还采取"好评有礼"的方法。在这种情况下，很多消费者会被收买而为低质量卖方好评，自利的消费者得到了质量低劣的商品，却只获得了微不足道的返利。对于这种情况，就像第 6 章所分析的，如果网络购物平台加强商品质量管控（如增加"追评"选项），会降低不诚信卖方的期望利润，进而降低其能提供的返现值，从而使消费者放弃违心进行好评这种行为，有利于遏制这些不诚信卖方，促进网络购物生态系统的可持续发展；反之则会导致"柠檬"市场。

8.2　在线担保

如上所述，尽管在线信誉反馈系统作为网络购物平台所采取的缓解质量不确定性的最为传统的机制，对于买方了解卖方及其商品质量情况发挥了重要作用，但由于不诚信卖方信用炒作等行为，它只能部分起到传递质量信息的作用。网络购物平台采取了更多商品质量管控机制和措施作为在线信誉反馈系统的补充，其中在线担保机制就是非常重要的一种。

8.2.1 在线担保机制的作用机理

研究发现，引入第三方担保机制可以有效地降低网络中的信息不对称，增加消费者的购买意愿。这个第三方指的是买卖双方之外的主体，可以是网络购物平台，也可以是除网络购物平台之外的信息或质量担保中介。在有第三方担保中介参与的市场上，在交易层面上，将买卖双方之间的短期交易转化为第三方参与的长期交易形式，在信誉层面上，第三方中介起到了信誉转移的重要作用，在质量信息层面上，第三方中介增加了买方的信任程度。虽然中介的参与实际上提高了交易成本，但它同时增加了市场效率，只要新的交易成本能够增加整个社会的福利水平，有效益的中介在网络经济时代仍然将会长期存在。产品质量差异越大，就越需要网络质量中介。赵宏霞、邵兵家也从不同角度论证了网络中介对于提高交易效率、降低交易风险的作用。

为了消除信息不对称，eBay 在早期就采取了很多行动来促进专业第三方检验机构的使用，例如，eBay 允许在描述中发布专业检验机构的标识，明确表明对有声望的检验机构的偏爱与倾向。为了解决匿名身份转换，eBay 引入"身份验证"，由第三方公司验证其身份。在美国，提供网络保证（e-Assurances）的中介公司有 TRUSTe、WebTrust、BBB Online，获得检测认证的网络购物网站通常会在网站的注册表页面或结账页面发布检测标识。Kaplan 和 Nieschwietz 的研究证明，如果购物网站上有 WebTrust 的检测标签，将会提高网站信誉度，Noteberg 等人的研究也发现，TRUSTe、WebTrust、BBB Online 等网络保证机构可以影响在未知购物网站上的初次购买。

上述网络保证公司所提供的服务主要集中在隐私和在线安全方面进行检测认定，如果将商品质量保证纳入服务范围，检测保证的全面性和可靠性将得到加强。如日本 AUCNET 公司的汽车检测担保。AUCNET 公司是著名的二手汽车网络拍卖公司，其独特的通信网络来自于卫星和地上电缆，主机能与全国 7000 家二手车经销商联系，拍卖过程中，清晰的图像以及专用终端的便利性都使拍卖方有身临拍卖现场的感觉，它建立了一套严格的二手车检验程序——汽车检测系统 AIS，二手车卖主进行电子拍卖之前必须请 AUCNET 的技师对汽车进行检验并分级。AIS 将汽车质量等级分为 10 级，如果低于 4 分，AUCNET 就会拒绝拍卖。全国 7000 家二手车经销商每月支付一定费用即被允许进入 AUCNET 的平台销售。AIS 现已成为一个公众信任的第三方质量检验认证系统，AIS 的检验标准提供给了日本著名汽车制造商（丰田、本田、尼桑和马自达等）下属的二手车经销商以及新西兰等其他国家的二手车经销商使用，许多二手车经销商也在它们所展示的二手车上出示 AIS 的检验证书。这个事实说明，AIS 已经成为一个公众信任的第三方检验认证，AUCNET 公司成功地承担起了质量中介的角色，有效地消除了市场上的信息不对称和欺诈行为，再加上技术手段提供的便利性，AUCNET 的平均拍卖价格是该行业的最高价格，高于传统拍卖的价格。随着公司信誉的增长，AUCNET 公司已将网上拍卖商品的范围扩展到了二手摩托车、鲜花甚至二手电脑。另一个实例是北美专业的在线邮票拍卖平台 MR，为了消除商品的质量不确定性，MR 提供了一系列的中介担保服务：提供标准的邮票描述；为所有在列的邮票估计现金价值，在价格发现程序上发挥主动性；如果用户被错误的描述所误导，MR 还提供 14 天的退款保证。买卖双方要为这些服务交拍卖价格的 15% 作为服务费。Dewan 等人对 eBay 和 MR 两个平台进行了对比，结果发现，MR 上的买方（拍卖价格加上买方拍卖费用）价格比 eBay 上的高，而且更高价值的邮票价格差异也更大。上述 AUCNET 和 MR 两个案例说明了网络质量担保中介的介入在很大程度上消除了网络购物市场中的"柠檬"现象。

8.2.2　淘宝网的在线担保

淘宝网从 2007 年开始推出了基于第三方担保机制的"消费者保障计划"，并鼓励符合一定条件的淘宝买家加入该机制。参与该担保机制的卖家可以选择事前向淘宝网缴纳一定额度的诚信押金，买家使用支付宝购买这些卖家的商品后，若在交易成功后的 14 天内出现产品质量问题，买家可向淘宝网发起"先行赔付"申请。之后的几年里，又陆续在该计划的基础上增加了多种细分保障措施，如七天退换、假一赔三、品牌授权、正品保障、24 小时发货等，商家可以通过进一步交付押金来获得这些标识以从多方面赢取买家对自己的信任。买家如果在加入了这些保障措施的商铺购买了产品，当遇到纠纷或损失，而且卖家拒绝赔付时，淘宝网将会动用卖家存放在淘宝网中的押金对买家进行赔付，在这里淘宝网作为第三方介入负责上述保障措施的落实，商家也可以利用第三方平台提供可靠性担保的方式，来告知消费者该商家的可靠性，从而降低消费者的感知风险，吸引其选择购买该商家的产品。

淘宝网的在线担保机制实际上就是一种保证金制度，如果卖家加入了某项担保机制，商品出了相应问题可以动用卖家的担保金进行先行赔付，这样买家利益可以得到最大程度的保护。该机制本质上是为买方提供了退款保证，退款保证作为一种高质量的信号传递给买方。与在线信誉反馈相比，在线信誉反馈对于卖家欺诈行为的惩罚是给予差评以降低卖家的信誉显示强度，而对于在线担保机制，若卖家提供了低质量产品或者收款不发货，消费者将会向交易平台商如淘宝网发起针对卖家的投诉，并提出赔付要求。如果卖家被确认违规，平台商将有权给予卖家相应的处罚。这种担保机制较为严厉的惩罚措施，使得卖家进行一次欺诈行为要付出较为高昂的代价。一旦卖家加入担保机制，无论其声誉高低，欺骗消费者的机会都会大幅降低。

在淘宝网中，往往在商品购买页面处向买家直观展示所承诺的担保措施，以此保证产品质量和售后服务。主要的在线担保措施有：正品保证、极速退款、七天无理由退换货、赠运费险，质量安全、订单险、坏单包赔、24 小时发货、假一赔十、五年质保等。加入以上在线担保的卖方均需向淘宝网交付担保金，若出现商品或服务问题，淘宝网则动用卖方的担保金先行赔付。下面简要介绍几种主要的在线担保措施。

正品保证：规定商家不得销售假冒伪劣产品，一旦发现有制假售假的行为，淘宝平台有权立即终止协议，并给予买方先行赔偿，随后再按相关规定给予卖方一定的惩罚。

只换不修：是指在一定的产品保修期内，如果产品在使用过程中出现任何质量问题，可以在淘宝平台申请换取新产品的服务，如果超出保障期限，需要交纳一定的费用进行置换服务，以此来保证消费者的合法权益。

极速退款：是针对购物资信状况良好的买方的担保机制，优质会员买方若在规定时间内想要退货，可以申请退款，平台会根据其资信状况提前予以退款的一种服务。

赠运费险：承诺为顾客承担商品退换货运费。

七天无理由退换货：允许消费者按照相关规定并且需保证已购买的产品在不影响产品再次销售的情况下，在七天内可以申请无理由退换。该项担保机制在 2014 年 3 月 15 日国家正式实施新消费者权益保护法后，除特殊商品外，所有网购商品均可享受到货之日起七日内无理由退货。而淘宝网卖方可以选择多于七天的担保承诺。

电器延保：延保服务是在产品"三包"期限结束之后，店铺为了让消费者能够继续放心使用产品而做出的一些折价有偿服务措施。

正品保证、极速退款、七天无理由退换货、赠运费险等担保机制在大多数商品品类中，都是使用较多、比较基本的。如使用八爪鱼采集器在淘宝网抓取了 320 例创意礼品类商品，其在线担保机制统计见表 8-5。其中，320 例商品全部具备"正品保证""极速退款""七天无理由退换货"三项担保措施，254 例商品具备"赠运费险"担保措施。

表8-5　担保措施统计表

担保措施	正品保证	极速退款	七天无理由退换货	赠运费险
产品（例）	320	320	320	254

8.2.3　淘宝网在线担保机制有效性的实证研究

与对信用评分和在线评论的研究不同，学术界对于在线担保机制的研究较少，尤其是缺乏基于中国电子商务市场的本土性研究。

8.2.3.1　标准产品 U 盘的研究

潘勇选取淘宝网 U 盘（型号：DT101 8G）为研究对象，利用淘宝网服务器提供的数据抓取程序，从淘宝网获取此型号 U 盘的相关数据。淘宝网中该商品列表显示可供抓取数据共 1242 条，剔除重复的商家和淘宝商城商家，搜集剩余 762 个商家的有关信息。研究所确定的被解释变量为商家最近 30 天的成交数量（sales），解释变量分信用评分指标和担保机制指标两大部分，其中信用评分的指标有卖家信用评分（score），卖家的好评率（ratio），之所以选取这两个指标主要是借鉴以往学者对信用评分的实证研究。担保机制指标设置为虚拟变量，主要指淘宝网推出的针对本书研究对象 U 盘的所有担保服务，分别用 D_1、D_2、D_3、D_4、D_5 代表是否加入"消费者保障服务"、是否加入"七天退换"服务、是否支持"假一赔三"、是否加入"24 小时发货"、是否加入"30 天维修"等（消费者保障计划、七天退换、假一赔三是从质量上对买家做出保障；24 小时发货、30 天维修是从服务上对买家做出保障），价格（price）在模型中作为控制变量出现。

在担保服务中，消费者保障服务的加入者最多，达到了 54%，其次是七天退换服务，加入者达到了 27%。

所构建的具体模型为

$$\ln(\text{sales} + 1) = \beta_0 + \beta_1 \ln(\text{price}) + \beta_2 \ln(1 + \text{score}) + \beta_3 \ln(1 + \text{ratio}) + $$
$$\beta_4 D_1 + \beta_5 D_2 + \beta_6 D_3 + \beta_7 D_4 + \beta_8 D_5 + \varepsilon$$

其中，$D_1 \sim D_5$ 为虚拟变量，分别代表是否加入"消费者保障服务"、是否支持"七天退换"、是否加入"假一赔三"、是否加入"24 小时发货"以及是否支持"30 天维修"等。模型中对卖家 30 天卖出商品数目（sales）、卖方信用度（score）、好评率（ratio）和价格（price）都取了自然对数。因为样本变量差异较大，取对数的目的是消除回归中可能存在的异方差，同时也是为了便于考察解释变量对被解释变量的弹性。因为大部分观测值取对数后会小于 0，因此，对变量加上 1 后再取自然对数。在研究第三方担保机制与信用评分机制的交互影响时，主要方法是将研究的变量做中心化处理，再进行估计以探究变量的内在关联性。本研究拟采用 Tobit 模型，将没有交易的样本也考虑在内，以保证估计的一致性和无偏性。

使用 Eviews 进行模型分析，得到以下的结论：

（1）价格在这四个模型中对被解释变量的影响都比较显著而且系数为负，这表明，价格越高的商品越难卖出。由于买者不能识别质量，只对高质量的物品接受低价格——这正是逆向选择的特征。该结果说明，在淘宝网的 U 盘市场上，网络逆向选择现象依然是存在的。该结果也说明，在中国电子商务市场上，在线消费者首先看重的是商品的价格，这个结果与中国消费者对价格比较敏感的实际情况相吻合。

（2）信用评分在这几个模型中也显著地影响着被解释变量，而且在存在担保机制的情况下这种影响也依然显著。这说明带有本土特征的淘宝网信用评分系统可以在很大程度上减弱网络逆向选择所带来的负面影响。

（3）担保机制的变量中，D_1 和 D_2 对销量有显著的影响。该结果说明，消费者保障服务和七天退换服务在几个模型中都显著地影响着商品的销量，说明买家在进行网购时，对卖家是否加入消费者保障服务和七天退换十分关注，以减少自己的网络购物风险。

（4）担保机制的变量中，D_3 和 D_4 对销量的影响不太显著。导致"假一赔三"这种机制效果不显著的原因是，加入该担保服务的商家太少，使用此服务的商家比例不足 1%，导致估计结果不显著；另外，如果买家买到假货而提出申诉，该机制首先要求商家提供产品是正品的有关认证证书，手续烦琐，预期成本较高。对于服务类担保如 24 小时发货和 30 天维修之所以不显著，主要是由于买家首先注重的还是商品的质量。

（5）信用评分机制和担保机制对交易量的影响对比。虽然信用评分对成交量起到了显著性的影响，但担保服务较于信用评分，对成交量的影响会更大。

（6）信用评分与担保服务之间的相关性。通过建立模型四来研究信用评分与担保服务的交互作用。因为服务类保障标记和假一赔三标记对消费者购物行为的影响不显著，所以这里只研究了消费者保障服务和七天退换与信用评分的交互关系。无论卖家是否加入消费者保障服务，信用评分对成交量的影响并没有太显著的区别。即使卖家加入了消费者保障服务，信用评分对成交量仍有着较为显著的影响，也即买家仍然比较看重信用评分；相对于加入七天退换服务的卖家来说，信用评分对成交量的影响要显著地小于没有加入该服务的卖家；对于加入七天退换服务的卖家而言，信用评分对成交量并没有显著的影响，也即买家在加入此担保服务的商家购物时，可以不需要信用评分作为参考。以上分析结果也告诉我们，信用评分和担保机制存在着互补的关系。对于加入消费者保障服务的商家来说，信用评分对买家的选择仍有着显著的正向影响，所以消费者保障服务不能完全替代信用评分的作用。在淘宝网上随机抽取 80 个已经加入消费者保障服务的商家，然后通过信用评分系统查看他们过去近 30 天里的信用评价记录，结果发现，有将近 15% 的商家都收到过中评或者差评。而通过收集买家的评价留言来看，商家之所以收到中评或者差评，主要原因是商品有一些小的瑕疵或者服务上出现了一些问题。如果买家要求赔付的话，按照消费者保障服务的流程，必须先搜集相关的证据，如与卖家的聊天记录、商品的图片等，这就必然会花费买家一定的时间及精力，而且买家在申请赔付成功之前，要等待 30 天左右的时间。因此，如果买到了某些质量问题不是太严重的商品，买家可能会因为申诉成本的原因不去申请赔付，转而选择给予差评或者中评以"警告"卖家，即仍然需要通过信用评分机制来弥补损失。

因此，该研究结果表明，信用评分机制和担保机制都有利于减少逆向选择所带来的负面影响。从两种机制对交易效率的影响来看，虽然信用评分机制对网络交易量仍然有显著性的影响，但担保机制对网络交易量的影响要明显大于信用评分机制对网络交易量的影响。从两种机制的相关性来看，尽管从时间和逻辑关系上讲，担保机制后于信用评分机制，但担保机制不能完全替代信用评分的作用，二者之间应该是一种互补的关系。在存在担保机制的情况下，消费者对网络商品的购买选择依然受到信用评分机制的影响。

8.2.3.2 非标产品木版画的研究

1. 标准产品和非标准产品（简称非标产品）

标准产品是指以特定的程序和方式发布生产标准，并在产品生产过程中严格遵守这一标准。非标产品一般认为是指不按照国家颁布的统一的行业标准和规格制造的产品或设备，而是根据用户要求，在标准产品的基础上，生产、改造或定做的产品，通常其外观或性能不在国家设备产品目录内。标准商品和非标准商品的差别主要体现在生产标准、生产成本、产品定价、用户反馈等几个方面。

在生产标准方面，标准产品有着统一的规格，采用流水线、标准化生产，消费者对这类产品可以通过一些产品标准得到直观的认识，如手机的型号配置等；但是对于非标准产品，其生产方式存在差异性，追求的是个性化，因此生产标准不统一。在技术含量方面，因为标准产品大多是一些具有严格标准的产品，在生产技术方面有着较高的要求；而非标准产品因其个性化生产较强，大多是一些手工产品，例如手工艺品等。在用户反馈方面，非标准产品的用户体验波动通常要大于标准商品。

2. 研究对象选取

鉴于已有研究对标准产品（U盘）进行了分析，因此，本研究选取淘宝网中所销售的非标准产品——木版画（8寸）作为研究对象，它是淘宝网首页中"主题市场"标签下"DIY"类目下的一类产品——消费者基于自身的喜好，对于木版画的材质、尺寸、颜色以及相纸等进行选择。

3. 数据采集

本研究的数据采集通过八爪鱼采集系统来完成。使用八爪鱼系统可以在很短的时间内，非常方便地从各种不同的网站或者网页获取大量的规范化数据，生成自定义的、规整的数据格式。

本研究利用八爪鱼采集器自行设计采集流程，将淘宝网网页中木版画（8寸）和华为手环（B3）的月销售量、评分、价格和各项担保措施等数据进行收集，并对数据进行清理（如去除重复和交易量、评价量为0的店铺）。木版画（8寸）商品，共抓取的店铺数据有1029条，剔除重复的商家，剩余736条。其中，店铺商家主要分布在北京、山东、广东和浙江省，地域分布明显，东部沿海省份在电商平台上的商家多于中西部各省（见图8-3）。以同样的程序搜索华为手环（B3），共抓取的店铺数据有 829 条，剔除重复的商家，剩余 536 条。

图8-3　木版画商家地域分布

木版画在淘宝网上的销量会受到一些营销活动的影响，从而显示出季节差异。如图 8-4 所示，2017 年，淘宝网木版画采购指数，在"11.11"处指数为 15944，达到全年峰值，在"2.15"处为 944，达到谷值，就全年来说，木版画的销售量波动较大。为了减少营销手段、季节等因素对于数据的波动影响，在数据选择时，选择了波动幅度较小的 4 月份。

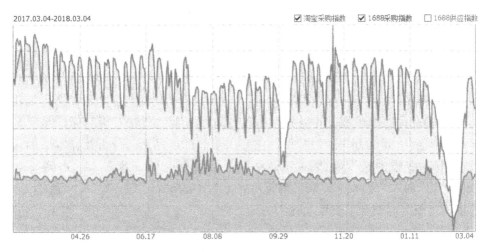

图8-4　2017 年 3 月—2018 年 3 月木版画销售情况

在木版画价格的选择因素上，根据木版画的价格分布（见图8-5），2.5~14.8 元和 14.8~103 元的比重分别为 24.55% 和 30.17%。因此，在价格变量上选择了这两个分布区间。

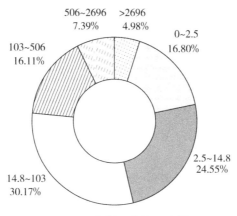

图8-5　木版画价格分布带

通过以上处理，并将店铺评价量为 0，交易量为 0 和开店时间在 1 年以下的商铺再次剔除，最后剩余 267 个商家的数据。

本研究主要针对的是在线担保机制和信用评分机制的有效性，即对交易量的影响。所以被解释变量为卖方的成交数量（sales），解释变量分信用评分指标和担保机制指标两大部分，其中信用评分的指标有卖家信用评分（score）、卖家的好评率（ratio），之所以选取这两个指标主要是借鉴以往学者对信用评分的实证研究。担保机制指标设置为虚拟变量，主要指淘宝网推出的针对本书研究对象木版画（8寸）的主要担保服务，分别用 D_1、D_2、D_3、D_4、D_5 代表是否有"正品保证""公益宝贝""放心淘""运费险""货物对版"承诺措施，其中，"正品保证""公益宝贝""放心淘""运费险"是几乎所有商品品类都采用的在线担保措施，最后一项"货物对版"指的是定制产品与现物之间是否一致的担保，主要用于非标产品上。分析在样本中加入以上担保措施的情况会发现，加入"正品保证"的商家最多，占样本数 29.91%，加入"公益宝贝"的商家占样本数 19.64%，"运费险""放心淘""货物对版"参与数不到样本数的 10%。

4. 模型建立及结果展示

表 8-6 列示了样本的描述性统计。

表8-6　样本描述性统计（*N*=267）

	Mean	Median	Std. Dev
sales（个）	364.89	11	2085.60
price（元）	18.78	15	13.45
score	4.76	4.8	0.14
D_1	0.25	0	0.44
D_2	0.17	0	0.369
D_3	0.165	0	0.372
D_4	0.056	0	0.231
D_5	0.067	0	0.251

本研究通过使用 Eviews 的主成分分析，找出对因变量影响程度较大的在线担保措施（见表 8-7）。

表8-7　主成分分析结果

担保措施	成　分		
	1	2	3
正品保证	0.857	0.484	-0.056
极速退货	0.857	0.484	-0.056
公益宝贝	0.246	0.247	0.682
放心淘	-0.599	0.741	-0.126
运费险	-0.240	0.039	0.763
货物对版	-0.568	0.771	-0.065

本研究所建立的模型为多元线性模型，具体形式如下：

$$\ln Y = a x_1 + b x_2 + c D_1 + d D_2 + e D_3 + f D_4 + g D_5 + U$$

其中 $D_1 \sim D_5$ 为虚拟变量，分别代表是否有"正品保证""运费险""极速退货""公益宝贝""货物对版"。由于样本的数据差异大，为了消除模型变量的异方差，对变量取了自然对数，同时大部分数据取对数以后小于 0，因此对变量加 1 再取自然对数。在研究第三方担保机制与信用评分机制的交互影响时，主要方法是将研究的变量做中心化处理，再进行估计以探究变量的内在关联性。

根据主因子分析，将"正品保证""极速退货""运费险"加入到线性模型中。故具体的模型为

$$y = x_0 + a\,x_1 + b\,x_2 + c\,x_3 + d\,x_4 + u$$
$$y = \ln(1 + \text{sales})$$
$$x_1 = \ln(1 + \text{price})$$
$$x_2 = \ln(1 + \text{score})$$
$$x_3 = D_1(1 + \text{score})$$
$$x_4 = D_2(1 + \text{score})$$

根据上述模型，使用 Eviews7.2 得出模型检验结果。信用评分与销量之间关系的模型检验见表 8-8。

表8-8　信用评分与销量之间关系的模型检验

Variable	Coefficient	Std. Error	t-Statistic	Prob.
x_1	−1.555313	0.207130	−7.508893	0.0000
x_2	4.149515	0.339076	12.23772	0.0000
R^2	0.378922	Mean dependent var		2.892644
Adjusted R^2	0.375824	S. D. dependent var		2.112641
S. E. of regression	1.917943	Akaike info criterion		4.147846
Sum squared resid	974.8042	Schwarz criterion		4.174717
Log likelihood	−551.7375	Hannan−Quinn criter.		4.158640
Durbin−Watson stat	1.270663			

可得信用评分与销量之间的模型如下：

$$y = -1.555\,x_1 + 4.150\,x_2$$
$$(-7.509)\,(12.238)$$
$$DW = 1.271, \quad R^2 = 0.379$$

担保机制与销量之间关系的模型检验见表 8-9。

表8-9　担保机制与销量之间关系的模型检验

Variable	Coefficient	Std. Error	t-Statistic	Prob.
x_1	−1.550506	0.182635	−8.489649	0.0000
x_3	2.182256	0.136000	7.416559	0.0000
x_4	1.842256	0.136000	5.422559	0.0000
x_5	0.622256	0.136000	3.466559	0.0085
R^2	0.564052	Mean dependent var		2.892644
Adjusted R^2	0.559234	S. D. dependent var		2.112641
S. E. of regression	1.691124	Akaike info criterion		3.899836
Sum squared resid	755.0136	Schwarz criterion		3.940142
Log likelihood	−517.6281	Hannan−Quinn criter.		3.916027
Durbin−Watson stat	1.348721			

信用评分、担保机制与销量之间关系的模型检验见表 8-10。

表8-10　信用评分、担保机制和销量之间关系的模型检验

Variable	Coefficient	Std. Error	t-Statistic	Prob.
x_1	−1.479949	0.175756	−8.420486	0.0000
x_2	3.632057	0.291852	12.44487	0.0000
x_3	1.910508	0.132784	8.062015	0.0000
x_4	1.364329	0.156025	4.898767	0.0000
x_5	0.375535	0.135025	3.832467	0.0021
R^2	0.744228	Mean dependent var		2.892644
Adjusted R^2	0.710581	S. D. dependent var		2.112641
S. E. of regression	1.621952	Akaike info criterion		3.820006
Sum squared resid	691.8816	Schwarz criterion		3.873747
Log likelihood	−505.9708	Hannan−Quinn criter.		3.841593
Durbin−Watson stat	1.786636			

5. 研究结论及讨论

价格在三个模型中对解释变量的影响都较为显著并且系数为负数，价格越高的商品越难以卖出——这正是网购逆向选择的特征，也符合实际的价格需求函数。这表明随着木版画价格的上升，消费者的选择意愿下降。但相比较其他影响因素，价格的系数较小，说明价格对于消费者的影响程度较低，随着模型变量的增加，价格对于销量的黏性程度下降。价格仍是买家购买商品时主要参考指标，但不再是最重要的因素。与潘勇 2012—2013 年的研究相比，消费者在进行网购时，开始从注重价格向更多地注重产品质量、使用体验等方面过渡。消费者的购物行为处于不断的变化之中，在考虑到价格的影响时，应从动态的视角来分析而不是简单静态地分析价格的影响程度。

信用评分在这几个模型中也显著地影响着被解释变量，但是拟合度较低，单独解释性弱。这说明在非标商品中，单独的店铺评分并不能很好地解决信息不对称带来的问题。需要注意一点，虽然单个信用评分对于消费者行为解释较弱，但在模型三中，信用评分影响程度较高，高于担保措施的影响程度。在现实非标产品的购物环境中，信用评分是消费者关注的重点，担保措施的影响程度低。可以初步得出：对于非标产品而言，信用评分体系是消费者主观判断的基础，通过店铺的评分情况，进行初步购物选择。

这跟潘勇对标准产品 U 盘的研究存在一定的差异性。担保机制作为淘宝网开发的对在线信誉反馈系统的补充机制，对平台上商品质量的管控发挥了重要作用。

担保机制对销量的影响显著，消费者在选择非标准产品时，对于有"正品保证"的商家比较认可。同时可以得出，在逆向选择下，担保措施对非标产品的有效性强。通过这项担保，较好地消除了逆向选择带来的问题。其次，在有"公益宝贝"担保的商家，这个变量对销售量的影响也较为显著。从侧面说明，消费者的预期除了满足自身需求外，还有一个正的外部效应需求。在担保措施问题上，由于不同产品本身存在差异，消费者的购买预期也不同，关注的重点不同。对于标准产品，消费者看重售货服务；对于非标商品，消费者更看重商品本身的质量问题以及处理方式。

综上所述，在非标商品的选择上，商家的担保措施对消费者有显著影响，在同等的条件下，消费者对信用评分的关注较高。同时，信用评分和担保措施存在一定的互补性，对于参加"正品保证"的商家来说，信用评分对销量存在正向影响。同时"公益宝贝"等具有满足消费者社会需求的担保措施，对消费者选择也具有较为显著的正向影响。担保机制出现之后，其完善程度直接影响着商品交易数量和评价数量。在这个互补的关系中，对于非标商品来说，信用评分比担保措施的显著性更明显，但对于标准商品来说，担保措施的影响程度更强。

8.3　淘宝网生态化治理实践——"中国质造"项目

"中国质造"是淘宝网于 2015 年 4 月设立的一个频道，在这个频道中，汇集了我国各地区优势产业覆盖的具有较高生产技术和制造工艺能力的中小厂商。与在线信誉反馈系统和在线担保机制两种管控机制不同，"中国质造"是淘宝网的一种生态化引导，在网络购物生态系统中引入活水，从而构造更加健康、可持续发展的网络购物市场。

8.3.1　"中国质造"项目介绍

8.3.1.1　产生背景

由网规研究中心、中国电子商务协会政策法律委员会联合发布的《电子商务行业大数据打假 2.0——2015 年度中国电子商务行业打假研究报告》指出：假货的生产是假货问题的根本与源头，只有在源头上制止假货产生，才能让网络假货成为无本之木、枯竭而亡。而生产诸如奢侈品牌或知名商品的"高仿品""同款商品"的商家，很大一部分来自我国福建、广东、温州等地区的外贸型中小厂商，他们拥有较高的生产技术、制造工艺能力，但是却用在了生产制造假货上。

另外，由于电子商务的发展，中小长尾品牌可以获得更加快速的成长。数据显示：区域品牌和淘品牌以及非知名品牌过去三年复合增长率分别为74%和69%，超过大品牌的53%。不同品类表现不同，大品牌仍然在标准化高的品类中占据主导，例如在消费类电子产品中超过 70%；而中小长尾品牌在个性化要求高的品类中占主要份额，例如服装中大品牌份额低于 10%，而长尾品牌的份额达到 50% 左右。

因此，综合上述原因，淘宝网打造了"中国质造"频道，即将我国各地区优势产业覆盖的中小厂商引入到淘宝网上。一方面，利用淘宝网的广泛辐射力，为外贸中小企业的内销转型提供电子商务这样一个途径，让"厂二代"们不再死守外贸代工老路，通过网络购物渠道促进中小厂商自有品牌的建立，增强他们的自主品牌意识、提升区域特色产业的质量效益；另一方面，通过生态化引导，提升淘宝网购物平台上的产品质量水平，为网络购物行业的健康、可持续发展助力。

8.3.1.2 项目运作情况

1. 启动

2015 年年初，淘宝网将"中国质造"的首战选在了莆田。发起于代工的莆田运动鞋，曾一度跟"高仿""假货"等关键词有紧密的联系。据不完全统计，仅 2014 年，淘宝网查封莆田卖家账号就超过 12 万个，其中屡犯售假卖家达到 3.2 万家。作为国家鞋业出口的重要生产基地，从 20 世纪 80 年代起，耐克、阿迪达斯等世界知名运动品牌就把莆田作为代加工工厂，莆田涌现出一大批制鞋企业，它们经年积累了大量世界顶级水平的造鞋工艺与经验。然而，随着原材料涨价、劳动力成本不断攀升，制鞋企业纷纷在越南、印度尼西亚增设生产线，莆田制鞋产业出现疲态。为了生存，部分企业走上歪路，"莆田鞋"开始成为"假冒"的代名词。淘宝网此次携手莆田市政府启动了"中国质造"系列活动第一站，看中的正是莆田世界级的造鞋工艺和经验。首批上线的 17 个莆田鞋业自主品牌是从莆田 300 多个自主品牌中挑选出来的。

随即，将第二站设在了广东，对顺德厨电、汕头玩具、中山家具、佛山卫浴等产业带进行了梳理。之后，又陆续上线了 27 个块状产业，其中包括慈溪小家电、南浔木地板、桐乡蚕丝被、诸暨袜子、上虞伞业、义乌饰品等。

2. 准入条件

在"中国质造"项目中，淘宝网实行严格的准入制度与品牌制造商签订品质保证书，联动地方质检、工商、公安等政府部门，对产品的生产、销售全链条联合监督，一旦买家对质量问题投诉，阿里旗下零售平台将联动卖家对买家实行先行赔付。以淘宝网的平台为卖家做信誉"背书"。淘宝网还在莆田启动了全国首个电商"实地认证"试点，所有参加"中国质造"的店铺必须接受身份真实性居住信息、联系方式核实；对销售商品的生产厂名、厂址、供应链信息、仓库位置、发货方式等进行登记确认；前述信息将同时上传至阿里巴巴和当地工商、公安部门，由三方对卖家进行联合监管。

所有参加"中国质造"的店铺除了遵循平台要求的准入条件，列示工商登记、执照等信息外，还要接受 SGS 检验认证集团、中国检验认证集团、莱茵、法国必维等正规第三方机构的验厂。

另外，淘宝网也针对"中国质造"店铺导引流量，从搜索规则、入口等渠道引导消费者进入"中国质造"店铺。

3. 经历乱象而后整治规范的发展过程

跟刷钻产业链一样，随着网络购物平台的政策和规则的引导，很多中介机构又嗅到了商机，做起了为加入"中国质造"的厂商提供验厂、入驻的一条龙服务。2016 年开始，网上出现了大量谋利的中介机构，做起了"中国质造"入驻的生意，如在百度"中国质造"贴吧里充斥着"入驻中国质造！为自己的店铺树立品质工厂的招牌""百分百入驻成功"这样的广告。

这些逐利的中介机构专门钻政策的空子，违背淘宝网"引导外贸工厂转型升级、提升网购生态"的初衷，以快速取得验厂和入驻为目的，而不去考虑商家及其产品的实际品质，因而导致 2016 年"中国质造"频道店铺评分大幅下降。而后，淘宝网对"中国质造"的淘宝规则进行了几次修改，如修订《淘宝网中国质造市场管理规范》。通过整顿规制，2017 年的情况有所改观。

本书 8.3.2 小节通过两个实证，研究三年来"中国质造"店铺的评分情况，从而验证中国质造生态化治理的成果。

8.3.2 "中国质造"店铺评分年度比较实证研究

8.3.2.1 横向比较实证研究

本研究于 2016 年年初在淘宝网上采集鞋类商品数据，分析了"中国质造"店铺和非"中国质造"店铺在店铺评分上的差异，发现二者在"宝贝与描述相符程度"这一标识质量的重要指标上，"中国质造"店铺显著高于"非中国质造"店铺。

1. 数据采集及描述性统计

本研究选择了淘宝网中的鞋类商品作为研究对象。具体取样程序如下：进入淘宝网后，在默认的搜索栏中，搜索"中国质造"，进入"中国质造"频道，在"中国质造"频道中搜索鞋类商品，在搜索结果中抽取前 100 家鞋类入驻店铺，收集店铺的宝贝与描述相符程度、卖家服务态度、发货速度三个指标的评价数据，统计抽取的 100 家"中国质造"鞋类入驻店铺的相关评分，并以 SPSS 为研究工具，对在淘宝网"中国质造"项目中获取的相关数据进行分析，计算出各个指标的均值。对于非"中国质造"店铺数据的收集，采取的方法为：在淘宝网搜索栏中直接搜索鞋类商品，抽取前 100 家鞋类店铺，在此过程中，要注意抽取的鞋类店铺需要为非"中国质造"鞋类入驻店铺，如果抽取的店铺为"中国质造"入驻店铺，需要继续向后抽取，直至抽取的为非"中国质造"店铺,对于收集的数据,采用与"中国质造"相同的方法进行均值计算。

本研究选择了店铺的"宝贝与描述相符""服务态度""物流服务"这三项店铺评分指标进行对比,三项对比数据均值见表8-11。

表8-11　指标均值统计数据

均值	中国质造	非中国质造
宝贝与描述相符	4.857	4.746
服务态度	4.862	4.736
物流服务	4.851	4.693

在宝贝与描述相符指标中,"中国质造"频道中商品评价数据均值为4.857,非"中国质造"入驻商品评价数据均值为4.746,"中国质造"评价数据均值要比非"中国质造"评价数据均值高出2.3%,说明"中国质造"入驻商品宝贝与描述相符程度比非"中国质造"商品要高,商品质量前者要高于后者,淘宝网"中国质造"在提高商品质量方面取得了成果;在服务态度指标中,"中国质造"频道商品评价数据均值为4.862,非"中国质造"商品评价数据均值为4.736,"中国质造"评价数据均值要比非"中国质造"高出2.7%,说明"中国质造"入驻商品卖家服务态度比非"中国质造"商品卖家服务态度好;在物流服务评价指标中,"中国质造"入驻商品评价数据均值为4.851,非"中国质造"商品评价数据均值为4.693,"中国质造"入驻商品评价数据均值要比非"中国质造"高出3.4%,说明"中国质造"入驻商品要比非"中国质造"物流服务好。因此,在"宝贝与描述相符""服务态度""物流服务"三个方面,"中国质造"入驻店铺的均值表现优于非"中国质造"店铺。

2. 两年度比较实证研究

据观察,自2016年起,"中国质造"开始出现鱼龙混杂的局面。因此,本研究于2017年年初,同样选择鞋类商品及其商家,分别选取"中国质造"和非"中国质造"各100家展开研究。结果发现,在"宝贝与描述相符程度"这个指标上,"中国质造"店铺与非"中国质造"店铺之间的显著性差异已经消失了。这说明,不诚信中介与不诚信卖方的行为改变了"中国质造"所代表的高质量信号,使得进入"中国质造"频道的卖方"泯然众人"矣。

两个年度的描述性统计数据见表 8-12。

表8-12　两个年度描述性统计数据

年度	质造	指标	宝贝与描述相符	服务态度	物流服务
2016 年	中国质造	N	100	100	100
		均值	4.857	4.862	4.851
		标准差	0.057	0.049	0.063
		中位数	4.90	4.90	4.90
		极小值	4.70	4.80	4.70
		极大值	5.00	4.90	5.00
	非中国质造	N	100	100	100
		均值	4.746	4.736	4.693
		标准差	0.102	0.103	0.106
		中位数	4.80	4.80	4.70
		极小值	4.40	4.50	4.50
		极大值	4.90	4.90	4.90
2017 年	中国质造	N	100	100	100
		均值	4.728	4.758	4.741
		标准差	0.079	0.073	0.078
		中位数	4.70	4.80	4.70
		极小值	4.50	4.50	4.50
		极大值	4.90	4.90	4.90
	非中国质造	N	100	100	100
		均值	4.736	4.731	4.708
		标准差	0.092	0.070	0.077
		中位数	4.80	4.70	4.70
		极小值	4.50	4.50	4.50
		极大值	4.90	4.90	4.90

对两个年度收集的"中国质造"和非"中国质造"的数据进行正态性检验，结果见表 8-13，2016 年度和 2017 年度收集的"中国质造"和非"中国质造"各指标均不满足正态分布，P 值均小于 0.05。当已获取数据不满足正

态分布时，宜使用 Mann-Whitney U 非参数检验来比较均值的差异，相应的统计量和 P 值见表8-13。

表8-13　Kolmogorov-Smirnov 正态性检验

年度	质造	指标	宝贝与描述相符	服务态度	物流服务
2016 年	中国质造	N	100	100	100
		Kolmogorov-Smirnov Z	3.635	3.969	3.425
		渐近显著性（双侧）	0.000	0.000	0.000
	非中国质造	N	100	100	100
		Kolmogorov-Smirnov Z	2.315	2.562	1.840
		渐近显著性（双侧）	0.000	0.000	0.002
2017 年	中国质造	N	100	100	100
		Kolmogorov-Smirnov Z	2.581	3.082	2.454
		渐近显著性（双侧）	0.000	0.000	0.000
	非中国质造	N	100	100	100
		Kolmogorov-Smirnov Z	2.677	2.829	2.489
		渐近显著性（双侧）	0.000	0.000	0.000

本研究使用 Mann-Whitney U 非参数检验比较 2016 年度和 2017 年度 "中国质造" 和非 "中国质造" 三个指标的差异性显著情况，见表8-14。

表8-14　各指标差异性分析

年度	分类	宝贝与描述相符	服务态度	物流服务
2016 年	中国质造（$N=100$）	4.857±0.057	4.862±0.049	4.851±0.063
	非中国质造（$N=100$）	4.746±0.102	4.736±0.103	4.693±0.106
	T	9.231	8.270	9.523
	P_1	0.000	0.000	0.000
	Z	−8.136	−7.158	−7.994
	P_2	0.000	0.000	0.000

续表

年度	分类	宝贝与描述相符	服务态度	物流服务
2017 年	中国质造（$N=100$）	4.728±0.079	4.758±0.073	4.741±0.078
	非中国质造（$N=100$）	4.736±0.092	4.731±0.070	4.708±0.077
	T	-0.661	2.690	3.003
	P_1	0.510	0.008	0.003
	Z	-0.850	-2.844	-2.993
	P_2	0.396	0.004	0.003

注：Z 为 Mann-Whitney U 非参数检验。

Mann-Whitney U 非参数检验表明："中国质造"项目运行第一年中，"中国质造"店铺的"宝贝与描述相符""服务态度""物流服务"的得分均值显著高于非"中国质造"。尤其是"宝贝与描述相符程度"得分情况意味着淘宝网的"中国质造"项目由于引入了生产制造工艺较高的厂商，通过生态化治理，在一定程度上提高了线上商品的质量。而分析 2017 年年初的"中国质造"和非"中国质造"横向比较数据，就"宝贝与描述相符"来看，"中国质造"与非"中国质造"已经没有显著差异，正如前文所述，从 2016 年开始，很多中介机构做起了从验厂到入驻淘宝网的一条龙服务，使得"中国质造"频道中的店铺和商品评分大幅下降，"中国质造"名不副实。尽管"服务"和"物流"两个方面还存在差异，但差距比较小。而且从整体上来看，无论是"中国质造"还是非"中国质造"，2017 年度服务态度出现了下降。

8.3.2.2　纵向比较实证研究

2017 年年初，本研究又选择对淘宝网中男装类商品进行相关研究。数据采集流程与前述研究的收集横截面数据不同，而是通过辨别"中国质造"店铺的入驻时间进行划分。具体采集流程如下：进入淘宝网后，在默认的搜索栏中，搜索"中国质造"，进入"中国质造"频道后，选择"中国质造男装"这一子频道，依次浏览了 1000 家店铺，按年份进行甄别并从中抽取 2015 年、2016 年和 2017 年入驻"中国质造"的各 200 家男装类店铺。使用八爪鱼软件分别采集这 600 家店铺的评分数据，包括宝贝与描述相符程度、服务态度和物流服务三个指标。

如表 8-15 所示，在宝贝与描述相符指标中，2015 年入驻淘宝网"中国质造"店铺评分数据均值为 4.705，2016 年入驻淘宝网"中国质造"店铺评分数据均值为 4.681，2017 年入驻淘宝网"中国质造"店铺评分数据均值为 4.712，2015 年的评分数据均值要比 2016 年的评分数据均值高出 0.51%，2017 年的评分数据均值要比 2016 年的评分数据均值高出 0.66%，说明 2015 年入驻淘宝网"中国质造"店铺内的商品宝贝与描述相符程度要略高于 2016 年入驻淘宝网"中国质造"店铺内的商品，2017 年入驻淘宝网"中国质造"店铺内的商品宝贝与描述相符程度也要略高于 2016 年入驻淘宝网"中国质造"店铺内的商品，商品质量方面 2015 年和 2017 年均略高于 2016 年，说明 2016 年入驻淘宝网"中国质造"的店铺商品质量比 2015 年的质量水平有所下降，2017 年入驻淘宝网"中国质造"的店铺商品质量比 2016 年的质量水平有所改观。

在服务态度指标中，2015 年入驻淘宝网"中国质造"店铺评分数据均值为 4.700，2016 年入驻淘宝网"中国质造"店铺评分数据均值为 4.707，2017 年入驻淘宝网"中国质造"店铺评分数据均值为 4.695，2016 年的评分数据均值要比 2015 年的评分数据均值高出 0.15%，比 2017 年的评分数据均值高出 0.26%，说明 2016 年入驻淘宝网"中国质造"店铺的卖家服务态度比 2015 年和 2017 年入驻淘宝网"中国质造"店铺的卖家服务态度要略好，消费者在消费过程中或者在售后都能够享受到良好的服务，消费者的问题都能够得到良好的解决，这有利于网络购物业的健康发展。

在物流服务评价指标中，2015 年入驻淘宝网"中国质造"店铺的评分数据均值为 4.708，2016 年入驻淘宝网"中国质造"店铺的评分数据均值为 4.693，2017 年入驻淘宝网"中国质造"店铺的评分数据均值为 4.716，2015 年的评分数据均值要比 2016 年的评分数据均值高出 0.32%，2017 年的评分数据均值要比 2016 年的评分数据均值高出 0.49%，说明 2015 年和 2017 年入驻淘宝网"中国质造"店铺的物流配送效率要优于 2016 年入驻淘宝网"中国质造"店铺的物流配送效率，2015 年与 2017 年的快递派送服务态度好，货物丢失、毁坏等问题也有所减少。

表8-15　不同年度入驻店铺的评分指标均值

指标	2015 年评分均值	2016 年评分均值	2017 年评分均值
宝贝与描述相符	4.705	4.681	4.712
服务态度	4.700	4.707	4.695
物流服务	4.708	4.693	4.716

为了验证 2015 年、2016 年和 2017 年入驻淘宝网"中国质造"的店铺评分数据是否服从正态分布，本研究使用 SPSS 19.0 的非参数检验的 Kolmogorov-Smirnov 对单个样本进行正态性检验，具体结果见表 8-16。其中 Statistic 代表的值表示正态参数的绝对值，df 表示统计量中样本的个数，Sig 表示样本统计量的显著差异性。

表8-16　正态性检验

分组		Kolmogorov-Smirnov		
		Statistic	df	Sig
宝贝与描述相符	2015 年	0.328	200	<0.001
	2016 年	0.278	200	<0.001
	2017 年	0.357	200	<0.001
服务态度	2015 年	0	200	<0.001
	2016 年	0.358	200	<0.001
	2017 年	0.326	200	<0.001
物流服务	2015 年	0.358	200	<0.001
	2016 年	0.318	200	<0.001
	2017 年	0.376	100	<0.001

通过非参数检验的 Kolmogorov-Smirnov 进行的正态性检验，2015 年、2016 年和 2017 年入驻淘宝网"中国质造"的店铺在宝贝与描述相符、服务态度以及物流服务这三项指标上的 Sig 值均小于 0.001，表明上述的评分数据均满足正态分布，因此 2015 年、2016 年和 2017 年这三年评分数据的比较可以采用 SPSS 19.0 展开独立样本 T 检验，来分析三个年度的评分数据是否存在显著性差异。

T 检验，也称 Student T 检验，主要用于样本含量较小，总体标准差 σ 未知的正态分布资料，用于各实验组之间毫无相关存在，以检验两组非相关样本被试所获得的数据的差异性。在本研究中，由于 2015 年、2016 年和 2017 年入驻淘宝网"中国质造"的店铺评分数据统计样本均为独立样本，两两样本之间毫无相关存在，并且需要分析两个样本间的差异程度，所以采用独立样本 T 检验对数据进行分析（见表 8-17）。

表8-17 均值与标准差

分组	例数	宝贝与描述相符	服务态度	物流服务
2015 年	200	4.705±0.0714	4.700±0	4.708±0.0660
2016 年	200	4.681±0.0766	4.707±0.0646	4.693±0.0694
2017 年	200	4.712±0.0662	4.695±0.0685	4.716±0.0635
P		<0.001	<0.001	<0.001

店铺各指标评分年度显著性比较见表8-18。

表8-18 店铺各指标评分年度显著性比较

相比年份	宝贝与描述相符程度	服务态度	物流服务
2015/2016	$T=3.241$	$T=1.533$	$T=2.288$
	$P=0.001$	$P=0.127$	$P=0.023$
2017/2016	$T=4.331$	$T=1.802$	$T=3.458$
	$P=0.000$	$P=0.072$	$P=0.001$
2017/2015	$T=1.017$	$T=1.032$	$T=1.158$
	$P=0.310$	$P=0.304$	$P=0.248$

2015 年入驻淘宝网"中国质造"的店铺和 2016 年入驻淘宝网"中国质造"的店铺在宝贝与描述相符程度指标的比较上，$P=0.001<0.01$，属于非常显著性差异，说明较 2016 年的"中国质造"店铺而言，2015 年的"中国质造"店铺内的商品描述相符程度更高，质量更能让消费者满意；2015 年入驻淘宝网"中国质造"的店铺和 2016 年入驻淘宝网"中国质造"的店铺在服务态度指标的比较上，$P=0.127>0.05$，说明 2015 年"中国质造"店铺的服务态度与 2016 年的"中国质造"店铺相比，服务态度大体上保持一致，没有显著差异性；2015 年入驻淘宝网"中国质造"的店铺和 2016 年入驻淘宝网"中国质造"的店铺在物流服务指标的比较上，$P=0.023<0.05$，两者之间差异显著，说明较 2016 年的"中国质造"店铺的物流服务而言，2015 年"中国质造"的店铺物流服务更出色，更没有漏包、丢包及快递员私吞包裹等恶性现象发生。

2017 年入驻淘宝网"中国质造"的店铺和 2016 年入驻淘宝网"中国质造"的店铺在宝贝与描述相符程度指标的比较上，$P=0.000<0.01$，属于非常

显著性差异，说明较 2016 年的"中国质造"店铺而言，2017 年"中国质造"店铺内的商品描述相符程度更高，质量比 2016 年也有了很大的提高；2017 年入驻淘宝网"中国质造"的店铺和 2016 年入驻淘宝网"中国质造"的店铺在服务态度指标的比较上，$P = 0.072 > 0.05$，说明 2017 年"中国质造"店铺的服务态度与 2016 年的"中国质造"店铺相比，服务态度无明显的出入，没有显著差异性；2017 年入驻淘宝网"中国质造"的店铺和 2016 年入驻淘宝网"中国质造"的店铺在物流服务指标的比较上，$P = 0.001 < 0.01$，属于非常显著性差异，说明较 2016 年"中国质造"店铺而言，2017 年"中国质造"店铺的物流服务有了显著改善，几乎很少出现客户投诉、快递丢失等不良情况。

2017 年入驻淘宝网"中国质造"的店铺和 2015 年入驻淘宝网"中国质造"的店铺在宝贝与描述相符程度指标的比较上，$P = 0.310 > 0.05$；在服务态度指标的比较上，$P = 0.304 > 0.05$；在物流服务指标的比较上，$P = 0.248 > 0.05$。说明 2017 年"中国质造"店铺的商品描述相符程度与 2015 年的"中国质造"店铺的商品没有太大区别，且 2017 年"中国质造"频道对商品的质检严格程度比 2016 年已经有了明显提高，商品质量水平显著提升；2017 年"中国质造"频道下商家的服务态度和 2015 年几乎没有区别，商家一如既往贯彻着"顾客就是上帝"的服务宗旨；2017 年"中国质造"店铺的物流服务水平跟 2015 年没有明显区别，总体上水平一致，没有太大起伏。

8.3.2.3　研究结论及讨论

"问渠那得清如许，为有源头活水来"，淘宝网生态化治理的初衷和逻辑正是基于此，成长性强的、健康可持续的网络购物生态系统，主要利益相关方需综合使用推动和拉动两种力量，在管理中不仅要使用管理控制的方法惩治不诚信商家，而且还要使用引导、疏通的方法引入更高质量的卖方群体。

淘宝网"中国质造"频道的引入正是这样一种拉动的力量，从上述研究可以看出，2015 年度的数据表明，"中国质造"确实从整体上提高了卖方的商品和服务质量。但正如第 7 章所构建的模型及其模拟仿真所示，生态系统中的阴阳、善恶一直是此消彼长，不断博弈的，因钻空子可以在短期内获得巨大收益，所以总有不法商家搅浑市场，所以 2016 年"中国质造"的店铺评分显著下降，意味着卖方的商品和服务质量下降了。而淘宝网在网络购物商品质量管控和治理中也在不断成长，此次并未让混乱持续太长时间，及时针对"中国质造"的准入以及后期管理出台更严格的"淘宝规则"，因此，2017 年"中国质造"入驻店铺的评分重回 2015 年的水平。这也验证了第 7 章的模型和模拟仿真数据。

"引入活水"作为一种政策杠杆，也逐渐培育出了一批自主创新、具有自主品牌的商家，为很多代工企业的转型升级开拓出了发展方向。例如莆田第一期加入"中国质造"的四家鞋企中，"玩觅（ONEMIX）""沃特（VOIT）"在天猫上开设旗舰店，他们在天猫上的店铺评分均高于同行业平均水平，玩觅在自主设计和自主品牌打造方面还做了很多尝试；另外两家"思威琪（SIWEIQI）""洛驰（CLORTS）"在淘宝集市 C2C 平台上开店，"洛驰（CLORTS）"的销量和店铺评分也都高于行业平均水平。因此，从目前的数据结果来看，淘宝网的"中国质造"项目应该达到了预期目标，大浪淘沙之后总有闪闪发光的金子沉淀下来，这些"金子"就是行业、产业甚至国家转型升级的希望所在。

■ 中国质造后，莆田的玩觅还要怎么造？

2014 年 4 月，当莆田青春之家体育用品有限公司的创始人郭景在淘宝上卖出第一双品牌名为"玩觅（ONEMIX）"的运动鞋时，他当下的反应是："原来我们的鞋子真的有人要！"一年后，阿里巴巴来到莆田，联合玩觅及其他多个品牌打造了一场"中国质造·莆田好鞋"的活动，玩觅的知名度大幅提高。再往后，玩觅踏入自主设计、个性化定制的领域。

"中国质造"只是第一步，把玩觅的粉丝聚到了一起。今年的"双 11"，玩觅在天猫旗舰店最显眼的位置标注：ONEMIX 2 周岁了！有情感，用心做好鞋！按照郭景的盘算，10 月和 11 月会有一波回头客来买他的新产品。于是他接连在玩觅的微信公众号里发了两招：一招是"双 11"上墙，邀请粉丝提供脚穿玩觅的代言照，收到了不少高清无码的投稿；另一招是"Z 是什么鬼"的解谜题，谜面涉及价格方程式、"女神"等关键词，同样吸引了一轮粉丝参与，最后答案呼之欲出，"Z"是嵌入运动鞋的智能芯片。

在郭景看来，那场"中国质造"给玩觅带来的机会，不只是把玩觅对"质"的追求的价值观传达给了消费者，也传递了玩觅青春活力无所畏惧的品牌基因。"今天在图书馆，我看到另一个人也穿玩觅的鞋子！"粉丝群里经常会有这样的对话，他们在寻找一种认同感。

郭景心里盘算着，要把玩觅的基因延向何方。在他看来，做代工和做品牌有很大区别，前者客户会提供方向，告知市场需求，企业只需要在工艺上做精就可以，但做品牌需要企业在各方面都有提升，尤其是市场洞察。追溯到最初，品牌名称"玩觅（ONEMIX）"，就是通过与年轻人探讨，并在北京、广州等城市的大学里做抽样调查问卷而最终定下来的。今年年初，郭景还带着设计团队到深圳大学住了 10 天，研究年轻人的喜好和心理。此外，团队还策划活动，鼓励大学生们到玩觅官网上投稿。如果他们的设计创意被团队采纳，还可以获得奖金。

"设计不是比赛，而是解读。"在这样的过程里，玩觅听到了一些比较新潮的声音。随着人们消费心理日趋成熟，他们会根据具体场合、身份、个人爱好和经济承受能力等因素选择适合自己的商品，同时追求消费的个性化，力求避免消费行为的相互趋同。"消费者乐意在自己中意的、个性化的产品上花费更多的钱。"实际上，耐克 B 级工程师出身的郭景也知道个性定制的运动鞋早就有了——2004 年，耐克在这方面的销售额接近 6 亿美元。

这样的市场洞察，让郭景决定走个性化定制的道路。成立小型工作室，开辟了一条麻雀虽小五脏俱全的流水线，玩觅走出了重要的一步。但当玩觅在淘宝上第一次发起个性化定制时，发现起步很难。非专业的顾客，往往只是在头脑中有一个大概的想法，在细节上却很难与设计师沟通。而且隔着电脑屏幕，毕竟没办法做到面对面沟通般的实时修改。"这种情况下，我只能一个个问题排队解决，喜欢什么轮廓，喜欢颜色怎么变。"当第一双定制鞋出炉时，单打样就打了 5 双，成本耗了一两千元——以实际售价的话，都能买将近 10 双了。在这个沟通过程中，双方都要有耐心。"我们要降低门槛让顾客懂，让顾客明白地告诉我们需求点。"郭景与他的玩觅设计师团队试图在里面找出一些规律，不断进行优化。"虽然目前的投入产出是亏本的，但我们要看到后面的市场，要把其开发出来。"

郭景认为个性化定制是消费者购买行为的必然走向，而反映在企业端的必然走向，就是去规模化：这对企业在柔性化生产和敏捷供应链的打造提出了要求。有人评价拥有玩觅品牌的莆田青春之家体育用品有限公司放弃代工业务是"壮士断腕"，但更多人赞同这是一种巧妙的玩法：借助莆田运动鞋产业集群优势，给自己"瘦身减负"。"虽然我们一直在喊个性化，互联网零包袱，但现实中有时还是会走偏，或多或少要去备货，因此在某些款式上会产生较大库存，最严重的是一旦规模化，'质'就变了，这是我们不能接受的。"

作为最早入选"莆田好鞋"的四家企业之一，玩觅必须拿出真材实料，与其他商家进行互动。其中的过程并不容易，抱团需要大量的磨合。"阿里需要我们形成一团火，大家渐渐释放自己的热量，最终彼此融合，一起挑战，拿下这个领域。"郭景点明了他们与阿里之间的合作状态。没错，"中国质造"带来了机遇，但在这之后，玩觅还能怎么造？个性化定制的品牌之路有无限可能，而玩觅也有无惧摔倒的精神。他必须不断和伙伴及粉丝进行交流，不断在市场里进行摸索，零包袱走下去。

资料来源：选编自环球鞋网 2015. 11. 15. http://www.shoes.net.cn/news/94584.html.

除了淘宝网的生态化治理实践之外，我国的网络购物近年来也出现了一些专注于高品质商品的平台，如顺丰优选、网易严选等，它们的出现也从整体上提升了我国网络购物商品质量。

腾讯研究院的张钦坤博士在《中国互联网 20 年治乱得失都在这里，上游之治影响行业兴衰》中提出：开放与中立的上游企业，会成为推动产业繁荣发展的强大引擎，快速形成围绕上游企业的商业生态，平台的治理规则在互联网商业生态中发挥着至关重要的作用，如果上游企业的开放没有配之以完善且强有力的平台规则，将会使得平台产生相当的混乱，很多企业恶意榨取生态价值。同时，阿里研究院对互联网治理的研究认为：互联网是典型的复杂系统，不能管得太死太紧，否则也会事与愿违。汪旭晖和张其林的研究认为：平台企业采取过于严苛的监管，可能对平台卖家造成一定的压力，特别是平台企业在处理交易纠纷过程中往往对平台买家给予一定的"偏爱"，更是加重了平台卖家的负担。在这种情况下，部分卖家可能选择退出平台市场，还会对其他潜在进入者产生不良的示范效应，从而抑制"公地繁荣"。而如果平台企业采取过于宽松的监管，可能给平台买家带来较大的风险，特别是平台买家在交易过程中并不具备信息优势，在交易纠纷处理过程中往往成为最大风险承担方。在这种情况下，部分买家可能选择退出平台市场，还会对其他潜在进入者产生不良的示范效应，从而导致"公地悲剧"。因此，平台企业有必要选择一个适度的监管水平，确保平台型电商的整体利益最大化。因此，对网络购物商品质量的管控和治理也需要这样一种微妙的、辩证的平衡，发挥好杠杆的作用。

第 9 章

结论与展望

　　本章旨在对前文的研究结论进行归纳总结，讨论所得到的研究结论对管理实践的主要启示，并指出当前研究中存在的局限性，进一步提出在已有研究基础之上的后续研究展望。

9.1　主要研究结论

　　本研究以我国网络购物平台的商品质量管控为研究对象，使用归纳推理、进化动力学、层次分析法、模糊综合评价、四分图等研究方法，揭示了我国网络购物商品质量三级管控体系的构成，并以核心管控主体网络购物平台作为重点研究对象，探讨了网络购物平台商品质量管控的内在机理和作用规律，构建了网络购物平台商品质量管控能力指标体系，并在此基础上对淘宝网的商品质量管控能力进行了综合评价和实例分析。

　　通过上述研究，本书主要得到如下研究结论：

　　第一，我国网络购物商品质量的管控是由包括政府监管机构、网络购物平台、卖方在内的三级管控体系完成的，三个管控主体之间相互依存、相互影响，从信任、信息展示和沟通、产品诊断、社会存在四个维度采取相关措施实现对商品质量的管控。其中，网络购物平台作为核心管控主体，应以更加积极的态度提升自身的商品质量管控能力，同时推动政府监管机构和卖方的有关政策和行动；政府监管机构应致力于架构起与网络购物平台和卖方更为通畅的沟通渠道，及时、深入地了解网络购物市场的发展和内部作用规律，从而发挥好"看得见的手"的作用，巧妙地利用政策和制度杠杆，并对商品质量实施有效的监管；卖方则需立足于满足用户需求，建立全面商品质量管理体系，同时配合网络购物平台的各项举措缓解商品质量不确定性。

第二，当前，我国网络购物平台商品质量管控能力的评价体系由 4 个一级指标和 17 个二级指标构成，在 4 个一级指标中，信任在缓解商品质量不确定性方面发挥着最为重要的作用，明显大于其他三个因素，但信息展示和沟通、产品诊断和社会存在的权重也不容忽视，缺失任一要素都可能影响到平台的商品质量管控能力。具体而言，信任是评价网络购物平台商品质量管控能力的最为重要的因素，其中，又以在线信誉反馈系统的重要性为最，文字评论和量化分数在权重总位次中分别位于第一位和第二位。在线信誉反馈系统曾一度出现信用炒作、共谋等现象而遭人诟病，但作为网络购物平台最早采用的商品质量管控机制，一直是缓解商品质量不确定性的最为重要的手段，考虑到在线信誉反馈系统的关键性作用，网络购物平台对此仍需进行持续改进。信息展示和沟通是评价网络购物平台商品质量管控能力的排位第二的因素，其下最为重要的是网站的展示技术。我国的网络购物平台应积极进取，向国外同行学习或自行研发新技术，创新性应用展示技术手段，增强网站的可视性和可应用性，加强买方对商品的感知。在总位次排序中，第三方产品质量检验排位第三，仅次于在线信誉反馈系统的两个因素，这一创新机制在规则、制度和流程设计方面仍存在诸多漏洞，从而出现了卖方送检产品与销售产品不符等问题，网络购物平台需对此加以完善。在总位次排序中，线下服务因素的权重最低，在资源有限的情况下，可以缓行。

第三，作为我国网络购物行业的龙头企业，淘宝网的综合商品质量管控能力得分为良好，4 个一级指标信任、信息展示和沟通、产品诊断和社会存在的得分均为良好。由此可以看出，淘宝网自 2010 年以来加强商品质量管控，改进已有的管控措施，并陆续推出了多项新的管控形式，这些举措取得了一定成效，以信用炒作为主的违规欺诈行为得到了有效的遏制；相较而言，目前淘宝网亟须改进的商品质量管控措施为在线信誉反馈系统（包括量化分数及文字评论）、合作方声誉、第三方质量检验、网络购物平台的质量抽检和对违规欺诈行为的惩罚；位于机会区的商品质量搜索功能、卖方准入、质量保证和承诺、线下服务等因素虽不是当前亟待解决的问题，但我国的网络购物市场发展迅猛，市场环境的变化日新月异，今天看似微小的因素明天也有可能一跃成为决定生死的关键因素。因此，淘宝网应对位于机会区的各项管控措施进行储备，才能在激烈的竞争中保持住优势地位；第三方担保支付、网站的展示技术、买卖方沟通方式和产品试用等因素，其重要度及评价都较高，应继续保持并发扬；在线商盟、商品的展示格式规定、物流保障等因素位于维持区，在资源有限的前提下，可以暂缓这些因素的改进。

第四，中国网络购物生态系统的发展划分为市场兴起、市场扩张、关系协调、持续进化四个阶段，在市场持续进化的过程中，网络购物平台的商品质量管控措施也不断发展和完善。通过资料检索和理论总结，本研究发现：第一阶段网络购物平台的商品质量管控措施主要是在线信誉反馈系统。第二阶段网络购物平台的商品质量管控的主要手段是在线信誉反馈系统、第三方担保支付手段、商品质量信息的即时沟通（淘宝旺旺）以及在线商盟。第三阶段，由于系统急速增长导致的混沌复杂性以及在线信誉反馈系统的失效，商品质量不确定性越来越强。在该阶段，网络购物平台的商品质量管控又加强了"消费者保障计划"等质量保证及承诺、提高卖方准入门槛、第三方商品质量检验，此外，还对已有的管控措施进行了适当的改进。第四阶段网络购物平台应继续对现有管控措施加以改进，引进实施创新型管控措施的同时，创建覆盖整个平台的追求优质商品的文化和氛围，建立全员、全过程的商品质量管控体系，并实现更加有机化的、与其他管控主体的互动。

第五，通过构建诚信卖方和不诚信卖方的种群竞争模型，并使用模拟仿真方法，得出如下结论：①网络购物平台如果不采取任何商品质量管控措施，由于不诚信卖方种群采取欺诈行为获得收益更高，诚信种群向不诚信种群的突变更高，不诚信种群的竞争力更强，在经历一段时间演化之后，诚信种群趋向灭亡，不诚信种群则趋向最大容量，网络购物市场崩溃；②商业生态系统存在着一个稳定性阈值，因此，对系统的控制也有一个正当、合理、适度的问题，如果网络购物平台的商品质量管控不及时，也难以挽回系统崩溃的局面，采取管控措施的时间点越滞后，所需要的管控力度越大；③如果网络购物平台及早采取商品质量管控措施，使得诚信卖方种群的数量一直保持在较高的位置，不诚信卖方种群的数量则得到了较为有效的控制，则可构建健康、可持续发展的网络购物生态系统，实现组合 S 形增长。上述结论有助于促进网络购物平台在商品质量管控机制方面采取更为积极的态度，针对可能的管控机制和管控措施的漏洞，将管控时点提前，变事后控制为事中甚至事前控制，能够以较低的管控成本实现可预期的管控效果。

第六，通过重点研究在线信誉反馈系统、在线担保和生态化治理项目"中国质造"三项淘宝网的网络购物商品质量管控机制，本研究发现，无论哪种管控机制，都经历了产生、成长、动荡到逐渐成熟稳定的过程，而这一过程的实现有赖于三级管控主体（尤其是网络购物平台）的管控。网络购物平台从单一的管控手段逐渐演进到综合使用推动和拉动两种力量的生态化治理及管控体系，不仅采取"管"和"控"，还运用了"引"和"导"的方式，方法更加多样，手段更加成熟，实现了网络购物商品质量的综合治理。但"道高一尺，魔高一丈"，在网络购物生态系统中，诚信卖方种群、不诚信卖方种群以及网络购物平台之间的博弈将会继续，管控机制和手段也必将持续演化。

9.2 研究局限与展望

通过开创性、探索式的研究，本书得到了诸多有价值的发现，并对网络购物商品质量管控实践具有一定的指导意义。但囿于研究边界和研究深度，本书的研究也存在一些局限，正是由于这些局限性，也为后续进一步研究和完善提供了动力源泉。

9.2.1 研究局限

本书的研究局限主要表现在：

第一，本书在构建网络购物商品质量三级管控体系的基础上，重点探析了网络购物平台的商品质量管控，对于政府监管机构和卖方的商品质量管控研究不够深入。政府监管机构相关政策的作用效果及不足、商品质量抽检的实施及难点、卖方全面质量管理与传统市场情境下的异同等课题均有待进一步展开研究。

第二，本书通过文献研究和专家筛评的方式确定了标度网络购物平台商品质量管控能力的指标体系，但在此过程中仍然可能遗漏个别指标，或者存在指标的内涵和外延表述不够充分的情况。而且，由于网络购物市场日新月异的变化，该指标体系本身也可能随之变化。因此，具体的评价体系有待于后续研究进一步挖掘和完善优化。

第三，本书使用建模仿真的方法，主要是为了研究网络购物平台商品质量管控演化的内在机理和作用规律。为了简化模型的复杂性，重点考虑了诚信卖方和不诚信卖方两个种群的竞争作用，未考虑买方种群与卖方和网络购物平台的相互作用，这需要在后续研究中予以考虑和加强。

9.2.2 研究展望

本书的研究在网络购物商品质量管控研究领域勾勒出了"线"轨迹，未来的研究可以继续在某些"点"上深入挖掘，也可以将"线"逐渐扩至"面"和"体"上的研究。具体而言，未来的研究可在此基础上展开更为系统、深入的探讨。

（1）"点"上的研究

网络购物平台作为商品质量三级管控体系的核心，其管控机制和措施对网络购物中的商品质量水平和买方商品感知质量起着至关重要的影响，未来可更加深入地研究网络购物平台的某些商品质量管控措施的运作机理、对买方商品感知质量的影响以及不同措施所产生影响的比较。

例如，近年来新兴的第三方商品质量检验，可以开展网络购物情境下与传统购物情境下商品质量检验的比较研究；也可以研究第三方商品质量检验与买方商品感知质量的关系；或者通过案例研究发现当前第三方商品质量检验的运作情况，并分析其优劣势及改进方向。

在互联网越来越深入到各行各业的今天，信息资源组织模式发生了重大的改变。例如在网络购物中，用户产生和创造的信息（包括商品质量信息及其评价）成为大数据环境很重要的一部分，此外，创新技术的应用推动了商品追溯的发展，商品质量追溯信息也将会是网络购物中非常重要的信息源，还有商品检验信息、认证信息等，网络购物平台如何整合上述信息并搭建大数据应用环境，买方如何有效地应用这些信息和数据以便做出购买决策，卖方如何利用上述信息来分析顾客需求、满意度，并将其应用到产品设计、生产与流通的各个环节中，以上都是今后需要深入探讨的课题。

（2）"面"上的研究

首先，可以展开自主销售式网络购物情景下的商品质量管控及与平台式网络购物情境下商品质量管控的比较研究。在我国网络购物市场中，尽管目前平台式网络购物仍占据着大半壁江山，但自主销售式的增长幅度近年来呈上升趋势。针对平台式网络购物和自主销售式网络购物，其商品质量缓解因素及其作用程度有所不同，对此可展开分类及比较研究。

其次，对于卖方来说，网络购物情景下的全面商品质量管理与传统购物情境下存在诸多不同，在网络购物中卖方如何展开全面商品质量管理，如何利用数据和信息管理上下游供应链，所采取的质量管理方法有何不同和创新，以上都是值得在未来的研究中加以关注的。

最后，当前学术界对网络购物相关政策的研究较为稀少，对网络购物商品质量管控政策的研究几乎没有，但在市场中，政策的杠杆作用又是不容忽视的。因此，研究政府监管机构的政策对于网络购物商品质量的影响路径、政策对网络购物平台和卖方等群体的影响方式及结果都是未来需要关注的。

（3）"体"上的研究

本书构建了网络购物商品质量三级管控体系，但对于三级管控主体（政府监管机构、网络购物平台、卖方）之间如何对商品质量管控展开协同运作、网络购物平台商品质量管控的演进过程中政府监管机构和卖方是如何共同演化等问题并未展开讨论，因此，这方面的研究是该领域未来的一个方向。

对于网络购物平台来说，持续的质量改进是一个漫长的过程，它需要资源与时间的保证，而且网络购物平台作为网络购物生态系统的领导种群，扮演着生态系统中资源整合和协调的角色，是需求与供应信息的汇聚点、交易和服务资源集成的第三方平台，不仅对各个相关方负有管控职能，而且还有服务职能，其战略目标并非单一地保障商品质量或提升服务质量一个方面，而是一个战略目标集合。例如，根据本书的结论，"物流保障"在淘宝网的商品质量管控能力指标体系中处于维持区，但这仅是针对它的商品质量管控目标而言，而在服务质量指标体系中，物流保障可能是非常重要的因素。因此，综合网络购物平台的服务质量和商品质量评价指标体系，在未来的研究中探讨其运营质量管理指标体系也是一个可能的方向。

附　录

附录 A　网络购物平台商品质量管控能力指标体系调研问卷

尊敬的专家、老师，您好，感谢您抽出宝贵的时间配合我们的调查！

第一部分　问卷说明

与传统实物市场相比，网络购物市场中买卖双方信息的不对称现象更为严重，买方更加难以确定商品的质量，即商品质量的不确定性更强，为保证市场的稳定可持续发展，网络购物平台采取各种商品质量管控措施来缓解商品质量不确定性。

此次问卷调查旨在确认反映网络购物平台商品质量管控能力的指标体系，各指标及其含义见附表1。

附表1　网络购物商品质量不确定性缓解因素指标体系

	一级指标	二级指标	解　释
网络购物平台商品质量管控能力	信任（买方感知到网络购物平台及其他相关方都值得信任，因而所售商品也值得信任）	在线评价系统—评价得分	买方根据自己的购买体验对卖方和商品情况分项（包括质量情况）打分
		在线评价系统—文字评价	买方使用文字表述自己的购买体验
		在线商盟	由网络购物平台推动、卖方自发组建和加入的虚拟型组织
		合作方声誉	包括网络购物平台、物流配送机构、质量检验机构等的声誉
		第三方担保支付	引入独立的第三方支付充当信用担保

续表

一级指标	二级指标	解　释
信息展示和沟通（买方感知的网站所提供的丰富且有帮助的信息，帮助买方了解更多卖方和产品的信息）	网站的展示技术	如使用 3D 等信息技术展示商品图片
	商品的展示格式规定	平台对卖方描述商品的格式加以规定，如规定"产品参数"的填写，帮助卖方逐项、无遗漏地介绍商品
	买卖方沟通方式	如即时通信工具、论坛等，通过及时有效的沟通获取更完全的商品信息
	商品质量搜索功能	如按信用得分、按质量评价情况查询卖方和商品
产品诊断（买方感知到网站全面评价产品的能力）	第三方质量检验	引入第三方质检机构进行质量检验（所出具的质检报告作为买方售前的参考和售后纠纷的重要依据）
	网络购物平台的质量抽检	平台定期或不定期地对卖方商品进行抽检
	产品试用	平台或卖方推出产品试用活动，方便买方感知产品
社会存在（买方感知到网站有效传递卖方是真实的社会存在的能力，克服网络环境所固有的时空分离的情况）	违规、欺诈行为惩罚	相关规定和措施及其执行情况
	卖方准入	如保证金金额的多少、身份认证等
	质量保证及承诺	如退货保证（七天无理由退换货）、退货运费险、假一赔三等
	物流保障	物流配送中，保障商品的完整性、安全性
	线下服务	开设实体店铺，方便买方感知商品

（左侧跨列标题：网络购物平台商品质量管控能力）

为方便您理解附表 1 中的指标，您可参考以下支持性信息（以淘宝网为例）：

1. 通过以下链接可以了解淘宝"网站的展示技术""网站的展示格式"以及"第三方质量检验"（第三方质检报告）的相关情况，在页面"商品详情"中均有展示：http：//detail.tmall.com/item.htm?spm＝a220m.1000858.1000725.6.pgsRbF&id＝15928112332&user_id＝642778137&is_b＝1&cat_id＝2&q＝%B4%B2%C9%CF%D3%C3%C6%B7&rn＝aa1ef3151c592711cb752ceb0ac15eaa。

2. 通过以下链接可以了解淘宝"卖方准入""第三方质量检验"的相关情况：http://www.tmall.com/go/chn/mall/investment-promotion.php?spm=3.21146.222307.3.mfuMQB。

3. 淘宝抽检：http://www.taobao.com/go/chn/aq/qualitycontrol.php?spm=0.0.0.3.pflY5k。

4. 淘宝试用中心：http://try.taobao.com/。

第二部分　专家评分

针对以上指标体系，下面请您对一级指标和二级指标中的因素进行两两比较以判断其相对重要性。此过程使用层次分析法（AHP）9级标度进行，9级标度见附表2。

附表2　9级评价标度及其意义

标　度	相对关系定义	说　明
1	同等重要	表示两个因素相比，两个因素同等重要
3	稍微重要	表示两个因素相比，一个比另一个稍微重要
5	明显重要	表示两个因素相比，一个比另一个明显重要
7	强烈重要	表示两个因素相比，一个比另一个强烈重要
9	极端重要	表示两个因素相比，一个比另一个极端重要
2、4、6、8	上述相邻判断的中值	介于两个基本点相邻判断尺度的中间
倒数	反比较	若 I 与 J 比较得 B_{IJ}，则 J 与 I 比较得 $1/B_{IJ}$

例如，对比"信任"和"信息展示和沟通"两个二级指标，如果您认为，"信任"与"信息展示和沟通"相比，"信任"稍微重要，则在"信任"与"信息展示和沟通"的相交空格中填上数字"3"；如果您认为，"信任"与"信息展示和沟通"相比，"信息展示和沟通"稍微重要，则填上数字"1/3"。

请您在以下空格中填写相应数值（见附表3~附表7）。

附表3 商品质量不确定性缓解因素的测量指标体系一级指标判断矩阵

指　　标	信任	信息展示和沟通	产品诊断	社会存在
信任	1			
信息展示和沟通	—	1		
产品诊断	—	—	1	
社会存在	—	—	—	1

附表4 信任判断矩阵

指　　标	在线评价系统—评价得分	在线评价系统—文字评价	在线商盟	合作方声誉	第三方担保支付
在线评价系统—评价得分	1				
在线评价系统—文字评价	—	1			
在线商盟	—	—	1		
合作方声誉	—	—	—	1	
第三方担保支付	—	—	—	—	1

附表5 信息展示和沟通判断矩阵

指　　标	网站的展示技术	商品的展示格式规定	买卖方沟通方式	商品质量搜索功能
网站的展示技术	1			
商品的展示格式规定	—	1		
买卖方沟通方式	—	—	1	
商品质量搜索功能	—	—	—	1

附表6 产品诊断判断矩阵

指　　标	引入第三方质量检验	网络购物平台的质量抽检	产品试用
引入第三方质量检验	1		
网络购物平台的质量抽检	—	1	
产品试用	—	—	1

附表7 社会存在判断矩阵

指　　标	违规欺诈 行为惩罚	卖方准入	质量保证 或承诺	物流保障	线下服务
违规欺诈行为惩罚	1				
卖方准入	—	1			
质量保证或承诺	—	—	1		
物流保障	—	—	—	1	
线下服务	—	—	—	—	1

附录 B 淘宝网商品质量管控能力评价调研问卷

尊敬的淘宝网卖家/买家，您好，感谢您抽出宝贵的时间配合我们的调查！

第一部分 基本信息

您的性别：
□男　□女
您的年龄段：
□20 岁以下　□21~30 岁　□31~40 岁　□41~50 岁　□50 岁以上
您的身份：
□卖方　□买方　□既是卖方又是买方
如果您是卖方或者既是卖方又是买方，那么您开店的年限为____；如果您只是买方，那么您网购的年限为____：
□1 年以下　□1~3 年　□3~5 年　□5~10 年　□10 年以上

第二部分 问卷说明

与传统实物市场相比，网络购物市场中买卖双方信息的不对称现象更为严重，买方更加难以确定商品的质量，即商品质量的不确定性更强，为保证市场的稳定可持续发展，网络购物平台采取各种商品质量管控措施来缓解商品质量不确定性。

此次问卷调查旨在确认淘宝网在缓解商品质量不确定性方面的表现情况，即淘宝网的商品质量管控能力水平。

网络购物商品质量管控能力指标体系及其含义见附表 8。

附表8　网络购物平台商品质量管控能力指标体系

	一级指标	二级指标	解　　释
网络购物商品质量管控能力	信任 (买方感知到卖方、网络购物平台及其他相关方都值得信任，因而所售商品也值得信任)	在线评价系统—评价得分	买方根据自己的购买体验对卖方和商品情况分项(包括质量情况)打分
		在线评价系统—文字评价	买方使用文字表述自己的购买
		体验在线商盟	由网络购物平台推动、卖方自发组建和加入的虚拟型组织
		合作方声誉	包括网络购物平台、物流配送机构、质量检验机构等的声誉
		第三方担保支付	引入独立的第三方支付充当信用担保
	信息展示和沟通 (买方感知的网站所提供的丰富且有帮助的信息，帮助买方了解更多卖方和产品的信息)	网站的展示技术	如使用 3D 等信息技术展示商品图片
		商品的展示格式规定	平台对卖方描述商品的格式加以规定，如规定"产品参数"的填写，帮助卖方逐项、无遗漏地介绍商品
		买卖方沟通方式	如即时通信工具、论坛等，通过及时有效的沟通获取更完全的商品信息
		商品质量搜索功能	如按信用得分、按质量评价情况查询卖方和商品
	产品诊断 (买方感知到网站全面评价产品的能力)	第三方质量检验	引入第三方质检机构进行质量检验(所出具的质检报告作为买方售前的参考和售后纠纷的重要依据)
		网络购物平台的质量抽检	平台定期或不定期地对卖方商品进行抽检
		产品试用	平台或卖方推出产品试用活动，方便买方感知产品
	社会存在 (买方感知到网站有效传递卖方是真实的社会存在的能力，克服网络环境所固有的时空分离的情况)	违规、欺诈行为惩罚	相关规定和措施及其执行情况
		卖方准入	如保证金金额的多少、身份认证等
		质量保证及承诺	如退货保证(七天无理由退换货)、退货运费险、假一赔三等
		物流保障	物流配送中，保障商品的完整性、安全性
		线下服务	支持货到付款、开设实体店铺，方便买方感知商品

为方便您理解附表 8 中的指标，您可参考以下支持性信息（以淘宝为例）：

1. 通过以下链接可以了解淘宝"网站的展示技术""网站的展示格式"以及"第三方质量检验"（第三方质检报告）的相关情况，在页面"商品详情"中均有展示：http://detail.tmall.com/item.htm?spm = a220m.1000858.1000725.6.pgsRbF&id = 15928112332&user_ id = 642778137&is_ b = 1&cat_ id = 2&q =% B4% B2% C9% CF% D3% C3% C6% B7&rn = aa1ef3151c592711cb 752ceb0ac15eaa。

2. 通过以下链接可以了解淘宝"卖方准入""第三方质量检验"的相关情况：http://www.tmall.com/go/chn/mall/investment – promotion.php?spm = 3.21146.222307.3.mfuMQB。

3. 淘宝抽检：http://www.taobao.com/go/chn/aq/qualitycontrol.php?spm = 0.0.0.3.pflY5k。

4. 淘宝试用中心：http://try.taobao.com/。

第三部分　对淘宝网商品质量管控能力（即缓解商品质量不确定性）方面的评价

请在附表 9 的"淘宝网评价分值"一栏按照 5 分制对各个项目进行评分，评分标准如下：

分值	5	4	3	2	1
评语	优秀	良好	一般	差	很差

附表9　评价表

评价项目	评价内容	淘宝网评价分值
信任	在线评价系统——关于卖方和商品的评价得分准确反映商品质量状况	
	在线评价系统——关于卖方和商品的文字评价准确反映商品质量状况	
	买方对于加入行业或地区商盟的卖方的商品质量非常有信心	
	网站及合作方（物流配送机构、质量检验机构）的声誉很好	

续表

评价项目	评价内容	淘宝网评价分值
信息展示和沟通	信息展示手段及技术（如图片展示）有效地帮助买方全方位查看甚至感受产品	
	根据产品品类详细规定了必填项（如产品参数）、辅填项，有效地规范和指导卖方的信息发布	
	提供即时通信工具或在线论坛等，方便买方获取更进一步的产品信息	
	引导并激励卖方全面、翔实、生动地介绍卖方和产品信息	
	可根据商品质量状况搜索卖方和商品	
产品诊断	买方可查看第三方质量检验报告获得产品质量信息	
	网站定期开展质量抽检，并及时在显著位置公示抽检结果以供买方参考	
	引导并激励卖方展开商品试用活动，方便买方感受商品质量	
社会存在	对违规、欺诈行为的惩罚机制完善且实施到位	
	设置了严格的买方准入门槛，限制有风险卖方进入	
	退换货保证完善且实施到位，退款方便快捷	
	选择信誉良好的物流合作伙伴，保证商品配送过程中的安全性和完整性	
	开展线下服务业务（如支持货到付款、开设实体店铺等），便于买方在支付货款前对商品质量形成初始判断	

参考文献

[1] Akerlof G. The market for "lemons": Quality uncertainty and the market mechanism [J]. Quarterly Journal of Economics, 1970 (84): 488-500.

[2] Antonio J V J, Francisco J L M, Maria M F. Measuring Perceptions of Quality in Food Products: the Case of Red Wine [J]. Food Quality and Preference, 2004, 15: 453-469.

[3] Asoo J V. E-Business and supply chain management [J]. Decision Sciences, 2002, 33 (4): 492-504.

[4] Austin N K, Ibeh K I N, Yee J C C. Consumer trust in the online travel marketplace [J]. Journal of Internet commerce, 2006, 5 (2): 21-39.

[5] Avery J, Steenburgh T J, Deighton J, et al. Adding bricks to clicks: Predicting the patterns of cross-channel elasticities over time [J]. Journal of Marketing, 2012, 76 (3): 96-111.

[6] Ba S, Pavlou P A. Evidence of the effect of trust building technology in electronic markets: Price premiums and buyer behavior [J]. MIS Quarterly, 2002, 26 (3): 243-268.

[7] Beamon B M, Ware T M. A process quality model for the analysis, improvement and control of supply chain systems [J]. International Journal of Physical Distribution & Logistics Management, 1998, 28 (9): 704-715.

[8] Benedicktus R L. The effects of 3rd party consensus information on service expectations and online trust [J]. Journal of Business Research, 2011, 64 (8): 846-853.

[9] Benedicktus R L, Brady M K, Darke P R, et al. Conveying trustworthiness to online consumers: reactions to consensus, physical store presence, brand familiarity, and

generalized suspicion [J]. Journal of Retailing, 2010, 86 (4): 322-335.

[10] Brynjolfsson, Smith M. Frictionless commerce? A comparison of internet and conventional retailers [J]. Management science, 2000, 46 (4): 563-585.

[11] Butz Jr H E, Goodstein L D. Measuring customer value: Gaining the strategic advantage [J]. Organizational dynamics, 1997, 24 (3): 63-77.

[12] Capps C, Dranove D, Satterthwaite M. Competition and market power in option demand markets [J]. RAND Journal of Economics, 2003, 34 (4): 737-763.

[13] Chen J, Zhang C, Xu Y. The role of mutual trust in building members' loyalty to a C2C platform provider [J]. International Journal of Electronic Commerce, 2009, 14 (1): 147-171.

[14] Choi J, Bell D R, Lodish L M. Traditional and IS-enabled customer acquisition on the Internet [J]. Management science, 2012, 58 (4): 754-769.

[15] Clemons E K, Gao G D, Hitt L M. When Online Reviews Meet Hyperdifferentiation: A Study of the Craft Beer Industry [J]. Journal of Management Information Systems, 2006, 23 (2): 149-171.

[16] Dawar N, Parker P. Marketing universals: consumers' use of brand name, price, physical appearance, and retailer reputation as signals of product quality [J]. The Journal of Marketing, 1994, 58 (2): 81-95.

[17] De-cheng W, Li-ying C. An analysis of discerning customer behavior: an exploratory study [J]. Total Quality Management & Business Excellence, 2013, 24 (11-12): 1316-1331.

[18] Dellarocas C. The digitization of word of mouth: promise and challenges of online feedback mechanisms [J]. Management Science, 2003, 49 (10): 1407-1424.

[19] Dewan S, Hsu V. Adverse selection in electronic markets: Evidence from online stamp auctions [J]. The Journal of Industrial Economics, 2010, 52 (4): 497-516.

[20] Feigenbaum A V. Total quality control [M]. 3rd ed. New York: McGraw-Hill, 1983.

[21] Forman E, Peniwati. Aggregating individual judgments and priorities with the analytic hierarchy process [J]. European Journal of Operational Research, 1998, 108 (1): 165-169.

[22] Foster Jr S T. Towards an understanding of supply chain quality management [J]. Journal of Operations Management, 2008, 26 (4): 461-467.

[23] Foster S T. 质量管理：整合供应链 [M]. 何桢，译. 北京：中国人民大学出版社，2013.

[24] Garnsey E, Leong Y Y. Combining Resource-Based and Evolutionary Theory to Explain the Genesis of Bio-networks [J]. Industry and Innovation, 2008, 15 (6)：669-686.

[25] Garvin D A. What does "product quality" really mean [J]. Sloan management review, 1984, 26 (1)：25-43.

[26] Grabner-Kraeuter S. The role of consumers' trust in online-shopping [J]. Journal of Business Ethics, 2002, 39 (1-2)：43-50.

[27] Houser D, Wooders J. Reputation in auctions：Theory, and evidence from eBay [J]. Journal of Economics & Management Strategy, 2006, 15 (2)：353-369.

[28] Iansiti M, Levien R. Strategy as ecology [J]. Harvard business review, 2004, 82 (3)：68-81.

[29] Jin G Z, Kato A. Price, Quality and reputation：evidence from an online field experiment [J]. The RAND Journal of Economics, 2006 (12)：983-1005.

[30] John H H, Roger W S. Quality, uncertainty and the internet：The market for cyber lemons [J]. American Economist, 2002 (4)：50-58.

[31] Kaplan S E, Nieschwietz R J. An Examination of the effects of WebTrust and company type on consumers' purchase intentions [J]. International Journal of Auditing, 2003, 7 (2)：155-168.

[32] Kempf D S, Smith RE. Consumer Processing of Product Trial and the Influence of Prior Advertising：A Structural Modeling Approach [J]. Journal of Marketing Research, 1998, 35 (3)：325-338.

[33] Kim K, et al. The Healthiness of Business Ecosystem and its Effect on SMEs Performance [R]. International Council for Small Business (ICSB), 2010：1-17.

[34] Kirmani, Arena Baumgartner, Hans Baumgartner. Reference points treed in quality and value judgments [J]. Marketing Letters, 2000, 11 (4)：299-310.

[35] Kumar N, Benbasat I. Para-Social Presence and Communication Capabilities of a Web Site [J]. e-Service Journal, 2002, 1 (3)：5-24.

[36] Lakhal L, Pasin F. The direct and indirect impact of product quality on financial performance：A causal model [J]. Total Quality Management & Business Excellence, 2008, 19 (10)：1087-1099.

[37] Lee B, Yoo B. What Prevents Electronic Lemon Markets? [J]. Journal of organiza-

tional computing and electronic commerce, 2007, 17 (3): 217-246.

[38] Lee H L, So K C, Tang C S. The value of information sharing in a two-level supply chain [J]. Management science, 2000, 46 (5): 626-643.

[39] Li B, Wen D, Shi X. Research on product quality control in Chinese online shopping: based on the uncertainty mitigating factors of product quality [J]. Total Quality Management & Business Excellence, 2015, 26 (5-6): 602-618.

[40] Liao Z Q, Cheung M T. Internet-based E-shopping and Consumer Attitudes: an Empirical Study [J]. Information & Management, 2001 (38): 299-306.

[41] Lu Y, Zhao L, Wang B. From virtual community members to C2C e-commerce buyers : Trust in virtual communities and its effect on consumers' purchase intention [J]. Electronic Commerce Research and Applications, 2010, 9 (4): 346-360.

[42] Maeyer P, Estelami H. Consumer perceptions of third party product quality ratings [J]. Journal of Business Research, 2011, 64 (10): 1067-1073.

[43] McClure P J. Differences between Retailers' and Consumers' Perceptions [J]. Journal of Marketing Research (JMR), 1968, 5 (1): 35-40.

[44] Mcknight D, Choudhury V, Kacmar C. Developing and validating trust measures for e-commerce: An integrative typology [J]. Information Systems Research, 2002, 13 (3): 334-359.

[45] Moore J F. Predators and prey: a new ecology of competition [J]. Harvard business review, 1993, 71 (3): 75-86.

[46] Moore J F. The rise of a new corporate form [J]. Washington Quarterly, 1998, 21 (1): 167-181.

[47] Noteberg A, et al. Consumer trust in electronic channels: the impact of electronic commerce assurance on consumers' purchasing likelihood and risk perceptions [J]. E-Service Journal, 2003, 2 (2): 46-67.

[48] Pavlou P A, Dimoka A. The nature and role of feedback text comments in online marketplaces: Implications for trust building, price premiums, and seller differentiation [J]. Information Systems Research, 2006, 17 (4): 392-414.

[49] Pavlou P A, Gefen D. Building effective online marketplaces with institution-based trust [J]. Information Systems Research, 2004, 15 (1): 37-59.

[50] Pavlou P A, Liang H, Xue Y. Understanding and Mitigating Uncertainty in Online Exchange Relationships: A Principal-agent Perspective [J]. MIS Quarterly,

2007, 31 (1): 105-136.

[51] Petrick J F. Development of a multi-dimensional scale for measuring the perceived value of a service [J]. Journal of Leisure Research, 2002, 34 (2): 119-134.

[52] Resnick P, et al. Reputation Systems [J]. Communications of the ACM, 2000, 43 (12): 45-58.

[53] Romano P, Vinelli A. Quality management in a supply chain perspective, strategies and operative choices in a textile apparel network [J]. International Journal of Operations & Production Management, 2001, 21 (4): 446-460.

[54] Sanjeev D, Vernon H. Adverse selection in electronic markets: Evidence from on-line stamp auctions [J]. The Journal of Industrial Economics, 2004 (12): 497-516.

[55] Schlosser A. Experiencing Products in a Virtual World: The role of goals and imagery in influencing attitudes versus intentions [J]. Journal of Consumer Research, 2003, 30 (2): 184-198.

[56] Sheng M L. The utilitarian and social dual presence in Web 2. 0 services [J]. Total Quality Management & Business Excellence, 2012, 23 (7-8): 875-890.

[57] Shih K H, Lin C W, Lin B. Assessing the quality gap of intellectual capital in banks [J]. Total Quality Management, 2011, 22 (3): 289-303.

[58] Taylor T A, Xiao W. Does a manufacturer benefit from selling to a better-forecasting retailer? [J]. Management Science, 2010, 56 (9): 1584-1598.

[59] Thomas J S, Sullivan U Y. Managing marketing communications with multichannel customers [J]. Journal of Marketing, 2005, 69 (4): 239-251.

[60] Wang L C, et al. Can a retail web site be social? [J]. Journal of Marketing, 2007, 71 (3): 143-157.

[61] Wang Y D, Emurian H H. Trust in e-commerce: consideration of interface design factors [J]. Journal of Electronic Commerce in Organizations (JECO), 2005, 3 (4): 42-60.

[62] Weathers D, Sharma S, Wood S. Effects of online communication practices on consumer perceptions of performance uncertainty for search and experience goods [J]. Journal of Retailing, 2007, 83 (4): 393-401.

[63] Wheatley J J, Chiu J S Y, Goldman A. Physical Quality, Price, and Perceptions of Product Quality: Implications for Retailers [J]. Journal of Retailing, 1981, 57 (2): 100-116.

［64］ Wood C M, Scheer L K. Incorporating Perceived Risk into Models of Consumer Deal Assessment and Purchase Intent ［J］. Advances in Consumer research, 1996, 23 (1): 399-404.

［65］ Wu F, Li H, Kuo Y. Reputation evaluation for choosing a trustworthy counterparty in C2C e-commerce ［J］. Electronic Commerce Research and Applications, 2011, 10 (4): 428-436.

［66］ Ye Q, Zhang Z, Law R. Sentiment classification of online reviews to travel destinations by supervised machine learning approaches ［J］. Expert Systems with Applications, 2009, 36 (3): 6527-6535.

［67］ Yeon-Koo C. Customer return policies for experience goods ［J］. Journal of Industrial Economics, 1996, 44 (1): 17-24.

［68］ Yin D, Bond S, Zhang H. Anxious or Angry? Effects of Discrete Emotions on the Perceived Helpfulness of Online Reviews ［J］. MIS Quarterly, Forthcoming, 2014, 38: 539-560.

［69］ You W J, et al. Reputation inflation detection in a Chinese C2C market ［J］. Electronic Commerce Research and Application, 2011 (10): 510-519.

［70］ Zahra S A, Nambisan S. Entrepreneurship and strategic thinking in business ecosystems ［J］. Business Horizons, 2012, 55 (3): 219-229.

［71］ Zeithaml V A. Consumer Perceptions of Price, Quality, and Value: A Means-End Model and Synthesis of Evidence ［J］. Journal of Marketing, 1988, 52 (7): 2-22.

［72］ Zhang J. The roles of players and reputation: evidence from eBay online auctions ［J］. Decision Support Systems, 2006, 42 (3): 1800-1818.

［73］ Zhou L, Zhang P, Zimmermann H D. Social commerce research: An integrated view ［J］. Electronic Commerce Research and Applications, 2013, 12 (2): 61-68.

［74］ 艾瑞咨询集团. 中国电子商务行业年度监测报告简版 2012—2013 ［R］. 2013.

［75］ 艾瑞咨询集团. 中国网络购物行业发展研究报告 2008—2009 ［R］. 2009.

［76］ 埃文斯, 林赛. 质量管理与质量控制 ［M］. 7 版. 焦叔斌, 等译. 北京: 北京人民大学出版社, 2010.

［77］ 毕雪梅. 顾客感知质量研究 ［J］. 华中农业大学学报, 2004, 53 (3): 42-45.

［78］曹欢欢，姜锦虎. 在线评论实证研究综述［J］. 信息系统学报，2013（1）：
125-136.

［79］陈红丽，缪瑞. 商品检验与质量认证［M］. 北京：北京大学出版社，2011.

［80］陈威如，余卓轩. 平台战略：正在席卷全球的商业模式革命［M］. 北京：中
信出版社，2013.

［81］程淑娣，张琳. 第三方支付——在线支付的一个进化稳定策略［J］. 南京工
业大学学报（社会科学版），2007（12）：66-68.

［82］崔楠，崔庆安，汪涛. 在线零售情境因素对顾客惠顾意愿的影响研究［J］. 管
理科学学报，2013（1）：42-58.

［83］Deming W E. 戴明论质量管理：Deming on quality management［M］. 钟汉清，
戴久永，译. 海口：海南出版社，2003.

［84］邓斌. B2C 在线评论中的客户知识管理研究［D］. 成都：电子科技大
学，2010.

［85］邓倩. 电子商务生态系统中的政府职能研究［D］. 杭州：浙江工商大
学，2013.

［86］邓志旺，等. 论不同阶段工商部门质量监管的角色与社会化质量监管体系的
建立［J］. 商业研究，2007（5）：74-77.

［87］董微微，李北伟，肖静，等. 商务网站信息生态系统的系统分析［J］. 情报理
论与实践，2012，135（8）：7-11.

［88］杜宏. C2C 电子商务交易中信息不对称的博弈分析［J］. 企业经济，2010
（5）：40-42.

［89］法约尔. 工业管理与一般管理［M］. 周安华，译. 北京：中国社会科学出版
社，1982.

［90］方美琪，张树人. 复杂系统建模与仿真［M］. 北京：中国人民大学出版
社，2005.

［91］菲利浦·克劳士比. 质量免费——确定质量的艺术［M］. 北京：中国人民大
学出版社，2006.

［92］菲利浦·克劳士比. 质量再免费——如何在不确定的时代把质量确定［M］.
北京：经济科学出版社，2005.

［93］付媛. 平台型电子商务服务链网结构特征及协调机制研究［J］. 西北大学学
报（哲学社会科学版），2013（2）：103-106.

［94］高富平. 政府与平台经营者在网络经营行为规制中的责任［J］. 中国工商管
理研究，2012（2）：29-34.

［95］韩福荣. 现代质量管理学［M］. 3 版. 北京：机械工业出版社, 2012.

［96］洪生伟. 技术监督概论［M］. 2 版. 北京：中国质检出版社, 2011.

［97］华中生. 网络环境下的平台服务及其管理问题［J］. 管理科学学报, 2013, 16 (12)：1-12.

［98］胡岗岚, 卢向华, 黄丽华. 电子商务生态系统及其演化路径［J］. 经济管理, 2009 (6)：110-116.

［99］胡岗岚, 卢向华, 黄丽华. 电子商务生态系统及其协调机制研究——以阿里巴巴集团为例［J］. 软科学, 2009, 23 (9)：5-10.

［100］胡岗岚. 平台型电子商务生态系统及其自组织机理研究［D］. 上海：复旦大学, 2010.

［101］黄欣荣. 复杂性科学与哲学［M］. 北京：中央编译出版社, 2007.

［102］黄媛媛. 供应链协同管理的研究［D］. 武汉：武汉大学, 2005.

［103］朱兰, 戈弗雷. 朱兰质量手册［M］. 北京：中国人民大学出版社, 2003.

［104］纪淑娴. C2C 电子商务中在线信誉反馈系统有效性研究［D］. 成都：西南交通大学, 2009.

［105］纪淑娴, 胡培. 基于柠檬理论的在线信誉反馈系统有效性研究［J］. 中国管理科学, 2010, 18 (5)：145-151.

［106］纪淑娴, 李军艳. 电子商务生态系统的演化与平衡研究［J］. 现代情报, 2012, 32 (12)：71-74.

［107］凯斯·孙斯坦. 自由市场与社会正义［M］. 北京：中国政法大学出版社, 2002.

［108］李波, 温德成. 网络购物中商品质量问题发生机理及监管研究述评［J］. 财贸研究, 2013, 24 (2)：20-28.

［109］李波, 孙中瑞, 温德成. 论我国网络购物网站的商品质量监管责任［J］. 标准科学, 2013 (10)：66-70.

［110］李莉, 杨文胜, 谢阳群. 电子商务市场质量信息不对称问题研究［J］. 管理评论, 2004, 16 (3)：26-30.

［111］李伦, 郭建国. 网络信任危机与电子商务的伦理文化环境［J］. 湘潭大学社会科学学报 (哲学社会科学版), 2002, 26 (4)：7-9.

［112］李琪, 张仙锋. 面向交易的电子商务理论与实践的综合分析框架——电子商务三维分析模型［J］. 经济管理, 2006 (14)：65-72.

［113］李维安, 吴德胜, 徐皓. 网上交易中的声誉机制——来自淘宝网的证据［J］. 南开管理评论, 2007, 10 (5)：36-46.

[114] 李育林. 第三方支付作用机理的经济学分析 [J]. 商业经济与管理, 2009 (4)：11-17.

[115] 李征. 防范电子商务信用骗取的种群共存模型 [J]. 计算机工程与应用, 2010, 46 (3)：225-235.

[116] 刘宏伟. 基于模糊综合评价的管理咨询企业顾客满意度研究 [D]. 天津：天津大学, 2009.

[117] 刘骁. 信用信息共享模式与激励机理研究 [D]. 上海：上海交通大学, 2007.

[118] 刘欣欣. 基于消费者感知的网络购物中商品质量的影响因素研究 [D]. 济南：山东大学, 2012.

[119] 刘兴堂, 等. 复杂系统建模理论、方法与技术 [M]. 北京：科学出版社, 2008.

[120] 刘源张. 中国的全面质量管理 (TQC) ——特征、成就和期待 [J]. 管理评论, 1990 (4)：3-9.

[121] 刘源张. 30 年中国质量管理谈 [J]. 上海质量, 2009 (1)：20-21.

[122] 罗彪, 郑姗姗. 国外管理控制理论研究脉络梳理与模型评介 [J]. 外国经济与管理, 2011 (4)：26-33.

[123] 罗伯特·勒斯克, 等. 零售管理 [M]. 杨寅辉, 陈娜, 译. 北京：清华大学出版社, 2011.

[124] 罗伯特·安东尼, 维杰伊·戈文达拉扬. 管理控制系统 [M]. 9 版. 许锐, 牛国锋, 彭玉辉, 译. 北京：机械工业出版社, 1999.

[125] 洛伊斯·玛格纳. 生命科学史 [M]. 3 版. 刘学礼, 等译. 上海：世纪出版集团, 2012.

[126] 吕玉明, 吕庆华. 消费者视角的网络零售地域影响因素研究综述 [J]. 外国经济与管理, 2013, 35 (8)：63-70.

[127] 马道明, 李海强. 社会生态系统与自然生态系统的相似性与差异性探析 [J]. 东岳论丛, 2011, 32 (11)：131-134.

[128] 马林. 日本企业的质量经营 [M]. 北京：中国计量出版社, 1992.

[129] 马龙龙. 流通产业结构 [M]. 北京：清华大学出版社, 2006.

[130] 马士华. 供应链管理 [M]. 武汉：华中科技大学出版社, 2010.

[131] 马英娟. 政府监管的正当性分析 [J]. 甘肃行政学院学报, 2008, 3：42-50.

[132] 麻书城, 唐晓青. 供应链质量管理特点及策略 [J]. 计算机集成制造系统, 2001, 7 (9)：32-35.

[133] 迈克尔·利维, 巴顿·韦茨. 零售学精要 [M]. 北京: 机械工业出版社, 2000.

[134] 倪明, 查玉莹. 电子商务环境下退货逆向物流系统性能评价指标及实证研究 [J]. 图书情报工作, 2011 (8): 135-139.

[135] Nowak M A. 进化动力学: 探索生命的方程 [M]. 李镇清, 王世畅, 译. 北京: 高等教育出版社, 2010.

[136] 潘剑英, 王重鸣. 商业生态系统理论模型回顾与研究展望 [J]. 外国经济与管理, 2012, 34 (9): 51-58.

[137] 潘勇. 论电子商务市场中的"柠檬"问题——理论模型与实践意义 [J]. 科研管理, 2003 (9): 103-108.

[138] 潘勇, 陈禹. 电子商务市场中柠檬问题与网络质量中介的运行 [J]. 商业经济与管理, 2004 (8): 14-17.

[139] 潘勇. 网络"柠檬"环境下消费者行为与抵消机制——基于信息经济学的视角 [J]. 管理评论, 2009 (10): 41-51.

[140] 潘勇. 电子商务市场质量中介运行模式分析 [J]. 商业研究, 2010 (12): 187-191.

[141] 潘勇, 廖阳. 中国电子商务市场"柠檬"问题与抵消机制——基于淘宝网的数据 [J]. 商业经济与管理, 2009 (2): 11-15.

[142] 潘勇. 逆向选择视角下信用评分机制与担保机制的效用研究——基于淘宝网的案例分析 [J]. 商业经济与管理, 2013 (6): 22-28.

[143] 蒲国利, 苏秦, 刘强. 一个新的学科方向——供应链质量管理研究综述 [J]. 科学学与科学技术管理, 2011, 32 (10): 70-79.

[144] 日本、韩国网络商品交易监管考察团. 日本、韩国网络商品交易监管概况 [J]. 中国工商管理研究, 2009 (13): 71-74.

[145] 邵兵家, 吴俊. 电子商务发展与中介效率的博弈论分析 [J]. 重庆大学学报 (社会科学版), 2002, 8 (2): 45-48.

[146] 盛学军. 政府监管权的法律定位 [J]. 社会科学研究, 2006, 1: 123-132.

[147] 宋光兴, 杨德礼. 电子商务中在线信誉管理系统设计的若干问题研究 [J]. 系统工程, 2004 (9): 5-9.

[148] 孙霄凌, 赵宇翔, 朱庆华. 在线商品评论系统功能需求的 Kano 模型分析——以我国主要购物网站为例 [J]. 现代图书情报技术, 2013, 6: 76-84.

[149] 孙泽生, 任志宇, 阎换新. 现代物流信息跟踪技术研究进展综述 [J]. 浙江科技学院学报, 2005, 17 (2): 126-130.

[150] 田村正纪. 流通原理 [M]. 吴小丁, 王丽, 译. 北京: 机械工业出版社, 2007.

[151] 网规研究中心, 中国电子商务协会政策法律委员会. 电子商务行业大数据打假2.0——2015年度中国电子商务行业打假研究报告 [R]. 2015.

[152] 王如松, 欧阳志云. 社会-经济-自然复合生态系统与可持续发展 [J]. 中国科学院院刊, 2012, 27 (003): 337-345.

[153] 王晰巍, 靖继鹏, 刘明彦, 等. 电子商务中的信息生态模型构建实证研究 [J]. 图书情报工作, 2009, 53 (22): 128-132.

[154] 王祥志. 商品搜索中的点击分析与预测 [D]. 上海: 上海交通大学, 2011.

[155] 王新新, 杨德锋. 基于线索利用理论的感知质量研究 [J]. 经济研究导刊, 2007 (4): 97-102.

[156] 温德成. B2B平台: 质量成就商机 [M]. 北京: 中国计量出版社, 2008.

[157] 温德成. 从百度竞价排名事件谈 B2B 平台的顾客风险 [J]. 标准科学, 2009 (1): 66-71.

[158] 温德成. 质量管理学 [M]. 北京: 机械工业出版社, 2014.

[159] 温德成, 杜国忠, 陈杰华. 互利共赢的供应商质量控制 [J]. 世界标准化与质量管理, 2002 (7): 7-10.

[160] 吴德胜. 网上交易中的私人秩序——社区、声誉与第三方中介 [J]. 经济学 (季刊), 2007, 6 (3): 859-883.

[161] 席酉民, 王洪涛, 唐方成. 管理控制与和谐管理研究 [J]. 管理学报, 2004, 1 (1): 4-9.

[162] 向欣. 电子商务与流通革命 [M]. 北京: 中国经济出版社, 2000.

[163] 熊伟. 现代质量管理 [M]. 杭州: 浙江大学出版社, 2008.

[164] 杨钢. 质与量的战争: 透视"中国品质"的真相与未来 [M]. 北京: 东方出版社, 2010.

[165] 杨叶飞. 信息不对称视角下的流通领域商品质量监管思路的探讨 [J]. 生产力研究, 2010 (7): 142-144.

[166] 于珊, 等. 我国信用信息共享现状及征信模式研究 [J]. 标准科学, 2011 (11): 41-43.

[167] 于兆吉, 等. 行为系统下在线信誉评价影响因素及对策研究 [J]. 东北大学学报 (社会科学版), 2011 (6): 506-510.

[168] 曾静平, 牛继舜, 李莉. 网络购物产业 [M]. 北京: 北京邮电大学出版社, 2015.

［169］ 查金祥，王立生. 网络购物顾客满意度影响因素的实证研究［J］. 管理科学，2006（2）：50-58.

［170］ 张德丰. MATLAB 模糊系统设计［M］. 北京：国防工业出版社，2009.

［171］ 张劲松. 电子商务环境下物流模式分析及其问题研究［J］. 情报杂志，2007，25（11）：11-13.

［172］ 张维迎. 博弈论与信息经济学［M］. 上海：上海人民出版社，1996.

［173］ 张巍，等. 在线信誉系统研究现状与展望［J］. 控制与决策，2005（11）：1201-1207.

［174］ 张先轸. 流通促进消费最新研究进展：微观基础综论［J］. 商业经济与管理，2013（1）：14-21.

［175］ 张震，于天彪，等. 基于层次分析法与模糊综合评价的供应商评价研究［J］. 东北大学学报（自然科学版），2006，27（10）：1142-1145.

［176］ 赵宏霞，王新海，杨皎平. B2C 电子商务中介与卖家商盟在交易信任中的作用机制——基于团队生产激励的视角［J］. 中国管理信息化，2010（4）：98-101.

［177］ 郑淑蓉，吕庆华. 中国电子商务 20 年演进［J］. 商业经济与管理，2013（11）：5-16.

［178］ 周游，徐婷婷. 商业生态系统的复杂性思考［J］. 哈尔滨商业大学学报（社会科学版），2010（1）：86-90.

［179］ 周宇，陶敏. 在线竞拍市场的信任分析［J］. 现代管理科学，2004（1）：119-120.

［180］ 中国互联网络信息中心（CNNIC）. 2010 年中国网络购物市场研究报告［R］. 2011.

［181］ 中国互联网络信息中心（CNNIC）. 2012 年中国网络购物市场研究报告［R］. 2013.

致　谢

　　本书受到国家自然科学基金面上项目"网络购物平台商品质量管控作用机理及其演进研究"（71472111）、山东省社会科学规划研究项目传统文化专项"传统文化学习和实践对山东省企业绩效的促进研究"（15CWHJ03）、山东政法学院科研计划项目"大数据背景下淘宝网香水质量研究"（2015Q17B）的资助，在此致谢。